AF544215

心
Xin Publishing

Erschienen im April 2014 im
Xin e.V. Overath bei Köln

in Kooperation mit

Xin Publishing
an imprint of Xin He Ltd
Hill Quays
14 Commercial Street
Manchester M15 4PZ
United Kingdom

ISBN 978-3-942357-16-6

Kinderkampfkunst

Erzählungen
von

K.-G. Beck-Ewerhardy
Tanja Ewerhardy
Venjin He
Heero Miketta
Sabine Rieber
Ira Treske
Sascha Wagener

Xin Publishing

問
(chin.) Frage
答
(chin.) Antwort

Inhalt

兒童武術故事

Vorwort

Die Entstehung dieses Buches ist selbst eine Kampfkunstgeschichte. Eine Erzählung mit Höhen und Tiefen, vor allem aber mit Happy End, denn wir sind angekommen: Dieses Buch ist ein Angebot an junge Kampfkünstler, einzutauchen in eine Welt jenseits der sportlichen Herausforderung.

Es ist auch eine Einladung an Lehrer und Eltern, Kindern die geistigen Inhalte der Kampfkünste näher zu bringen. Philosophie, Geschichte, Gewaltprävention, Selbstbehauptung, ein gesundes Miteinander sind Themen der Erzählungen in diesem Buch.

Sie haben uns viel Spaß beim Schreiben gemacht, und wir hoffen sehr, dass sie unseren Lesern genau so viel Freude beim Lesen bereiten; ganz egal, ob sie alleine lesen oder miteinander im Training. Jede Geschichte kommt mit einigen Fragen, die zum Weiterdenken anregen, und manchmal auch mit einem kleinen Kasten, der Hintergrundinformationen liefert.

An dieser Stelle möchte ich mich bei Professor Peter Kuhn bedanken, der vor einigen Jahren den ersten Anstoß für dieses Buch gegeben hat. Bei Fish and Chips in einem malerischen Landhotel in Rugby entstand die erste Idee, Kampfkunstgeschichten für Kinder in einem Buch zusammenzufassen. Ebenso viel Dank gebührt meinen Mitautoren, die so viele gute Geschichten geschrieben haben, dass sie wohl noch für einen zweiten Band reichen werden.

In diesem Sinne: Viel Spaß beim Lesen.

Manchester, im März 2014
Heero Miketta

Härte

Heero Miketta

Uyeda saß gerne am Bach. Das Wasser floss ruhig hier, es war kalt und völlig klar. Anders als am Fluss weiter unten im Tal:
Der war meist trübe und schlammig. Hier oben gab es auch keine anderen Menschen. Uyeda hatte seine Ruhe. Unten im Dorf dagegen gab es immer Arbeit. Jeder sagte einem, was man tun MUSSTE.
Und wenn man gerade nichts zu tun hatte – dann sollte man sich zumindest benehmen.

Er legte sich auf einen warmen Stein am Bachufer und sah den Fischen zu. Es waren schöne Fische. Nicht so farbenfroh und edel wie die in den Teichen seines Vaters. Aber wild, froh und irgendwie stolz. Sie hatten niemanden, der ihnen sagte, was sie zu tun hatten. Bestimmt schmeckten sie gut. Trotzdem hatte Uyeda nie einen gefangen, nicht hier oben am Bach. Er mochte das nicht.
Sie zappelten immer so schrecklich.

Natürlich war das normal. Reiher fingen Fische, Pumas fischten nach ihnen, und oft fraßen sie sich auch gegenseitig. Das war der Lauf der Welt. Trotzdem gefiel es Uyeda nicht. Er sah ihnen lieber beim Schwimmen zu, und während er hier lag, kam auch kein Reiher, um den Frieden zu stören.

Trotzdem hörte er Schritte. „Hier steckst du!“, sagte eine Stimme hinter ihm. Uyedas Herz machte einen Sprung. Das klang nach Onkel Hayao, nur war das leider unmöglich, denn der war in China.
Oder?

„Was willst Du bei den Knoblauchfressern?“, hatte Uyedas Vater gefragt, bevor der Onkel abgereist war. In seiner Stimme hatte Verachtung gelegen. Die Art von Verachtung, die der Vater auch für viele von Uyedas Ideen hatte.

„China, Bruder, nicht Korea. Ich reise nach China“, war Hayaos Antwort gewesen.

„Knoblauchfresser sind sie für mich alle. Chinesen wie Koreaner“, sagte der Vater; doch Hayao lachte nur fröhlich. Uyeda war neidisch auf dieses Lachen. Hätte er doch auch nur so lachen können, wenn sein Vater, wie so oft, Uyedas gute Ideen verächtlich machte.

Doch jetzt war Onkel Hayao zurück. Uyeda sprang auf und begrüßte ihn stürmisch. Dann saßen sie zusammen am Bach. Der Onkel zog seine Schuhe aus und streckte seine Füße ins Wasser. „Schön“, sagte er. Ein freundliches Lächeln spielte um seine Lippen, sein Kopf war rasiert wie bei einem Mönch, seine Haltung war lässig. Ganz anders als bei seinem Bruder, der sich stets stolz und gerade hielt - jeder Zoll ein Samurai.

„Wir Samurai müssen aufrecht gehen“, sagte der Vater stets. „Stolz und voller Ehre, wie es uns gebührt. Wir krümmen unseren Rücken nur aus Respekt, wenn wir uns verbeugen.“ Und: „Härte. Wir müssen Härte zeigen. Ein Samurai kennt keine Schwäche. Wir sind wie die Klinge unserer Schwerter: Hart und unbeugsam!“

Uyeda aber fühlte sich nicht hart. Ganz im Gegenteil: Wenn er wirklich guter Stimmung war, fühlte er sich ganz weich und wollte die Welt umarmen, nicht mit einem Schwert zerschneiden.
Nur konnte man so kein Krieger sein. Krieger mussten stark sein, hart und unerbittlich. Deswegen übte er jeden Tag. Hart und härter.

„Ich freue mich, dass du wieder da bist, Onkel Hayao“, sagte er. „Bist du jetzt ein Mönch?“

Der Onkel lachte. „Wegen der Haare?“

Uyeda nickte.

„Nein, ich bin kein Mönch. Aber ich habe in einem Kloster studiert, und da hatten alle diese Frisur."

„In einem Kloster? Was hast du da studiert, wenn du kein Mönch bist?"

„Kampfkunst. Wir haben auch meditiert und uns der Philosophie gewidmet. Aber ich war dort wegen der Kampfkunst."

Das kannte Uyeda. Auch die japanischen Schwertmeister und Samurai glaubten, dass Philosophie und innere Ruhe wichtig waren fürs Kämpfen. Sie saßen diszipliniert bei der Meditation, viele Stunden, und sie übten sich in Kalligraphie. Uyeda fand das oft langweilig, aber das Wort seines Vaters galt auch dort: Härte.
Auch nach stundenlangem Sitzen im Seiza hielt ein Samurai sich noch immer aufrecht.
Dennoch war er überrascht.

„Du hast Kämpfen studiert?", fragte er seinen Onkel. „Ich hatte nie den Eindruck, dass dich das interessiert."

„Was?", fragte Hayao. „Du hast mich doch oft üben gesehen!"

„Na eben!" Uyeda bereute seine Ehrlichkeit schon. Er wollte seinen Onkel nicht ärgern, schließlich war er froh, dass dieser zurück war aus China. „Es sah immer aus, als würdest du es nicht leiden können."

Der Onkel schwieg einen Moment und sah nachdenklich in das Wasser des Baches.

„Stimmt", gab er dann zu. „Das hat mir keinen Spaß gemacht."
Er lachte. „Zu hart."

Uyeda riss die Augen auf. „Aber Härte ist doch das Wichtigste beim Kämpfen!"

Wieder lachte der Onkel. „Das sagen sie immer. Und ich hab´s nie geglaubt."

Das verwirrte Uyeda. Der Onkel aber zeigte auf den Bach.
„Schau mal, das Wasser. Ist es hart?"

Uyeda schüttelte den Kopf.

„Siehst du", sagte der Onkel. „Es ist nicht hart. Aber es ist stark. Erinnerst du dich an die Überschwemmung vor zwei Jahren?
Und die Geschichte vom Tsunami, der kurz vor deiner Geburt das halbe Dorf weggerissen hat?"

„Ja, es gibt einen kleinen Schrein auf dem Dorfplatz,
der daran gedenkt."

„Siehst Du. Weiches Wasser. Große Kraft." Hayao erhob sich und klopfte seine Kleidung ab, bevor er sich die Schuhe wieder anzog. „Aber ich soll dir sagen, dass das Schwertkampftraining ansteht. Dein Vater erwartet dich."

Uyeda seufzte. Seine friedliche Stunde am Bach war vorbei.

Das Schwertkampftraining war schweißtreibend, vor allem für Uyeda, der noch jung und einen Kopf kleiner war als seine Trainingspartner. Die anderen gönnten ihm keine Pause oder Entspannung. Er sollte auf den echten Kampf vorbereitet werden, der ihm als Samurai vielleicht eines Tages bevorstand, und da konnte es keine Schonung geben.

Geübt wurde mit Shinai – Bambusschwertern, bei denen es zwar wehtat, wenn man von ihnen getroffen wurde, aber niemand ernsthaft verletzt wurde. An manchen Tagen benutzten sie auch Bokken. Die waren aus stabilem Holz, und ein Hieb damit war extrem schmerzhaft. Manch einer der Trainierenden hatte sich dabei schon einen Arm gebrochen, manchmal auch blutende Kopfwunden eingefangen. Uyeda hasste das.

Und nie konnte er seinen Vater zufrieden stellen. Was immer er tat - es war nicht genug. Sein Vater leitete das Training mit eiserner Hand, ohne jedes Lob. Das galt nicht nur für Uyeda, sondern auch für die anderen Schüler. Die meisten von ihnen waren Samurai, die unter dem Kommando seines Vaters standen. Uyedas Vater war ein wichtiger Mann, der für seinen Daimyō große Ländereien verwaltete.

Am Ende dieser Stunde überraschte er seinen Sohn, indem er ihm eine Hand auf die Schulter legte.

„Uyeda“, sagte er. „Hör mir gut zu.“

Der Junge verbeugte sich ehrerbietig, wie er es gelernt hatte, und wartete aufmerksam, was sein Vater ihm zu sagen hatte.

„Es herrscht Krieg“, sagte der gewichtig. „Und der Daimyo, dem ich diene, hat mich zu den Waffen gerufen. Das ist, wofür wir Krieger so mühsam üben. Ich werde meiner Pflicht folgen.“

Uyeda straffte sich. Das waren keine guten Nachrichten.

Es hatte lange keinen Krieg mehr gegeben, und das Leben der Samurai war auch ohne schon hart genug. Zwar besaßen die japanischen Ritter viel Macht und waren oft sehr reich, aber sie hatten auch viele Verpflichtungen und mussten ständig darauf achten, ihrer Ehre gerecht zu werden.
Der Junge wusste: Wenn schon das Training gefährlich war, der echte Krieg war noch viel schlimmer. Eine Welle von Angst überflutete ihn, aber er unterdrückte sie. Er würde selbst bald ein Krieger sein, und Krieger mussten hart sein. Sie durften niemals Angst zeigen.

„Ich werde die Ehre unserer Familie verteidigen", fuhr der Vater fort. „Deswegen ist Hayao zurückgekommen von seiner sinnlosen Reise zu den Knoblauchfressern. Er wird hier nach dem Rechten sehen. Ich erwarte nicht viel davon. Hayao ist weich und undiszipliniert. Deswegen erwarte ich von dir, mein Sohn, dass du die Härte und Stärke zeigst, die mein Bruder vermissen lässt."

Wieder verneigte Uyeda sich. Ein Schauer lief ihm über den Rücken. Er fühlte sich stolz, weil sein Vater einmal mit ihm sprach – das tat er selten, denn meist hatte er Wichtigeres zu tun. Mit seinem Sohn sprach er nur, wenn er ihn während der Übungszeiten anschnauzte. Außerdem war es großartig, dass sein Vater ihm Vertrauen schenkte.

Gleichzeitig mochte er nicht, dass Hayao so runtergemacht wurde. Der Onkel war nett und ein guter Zuhörer und hatte immer einen freundlichen Satz auf den Lippen. Aber vielleicht hatte der Vater Recht. Vielleicht wog all das nichts gegen Hayaos Mangel an Disziplin und Stärke.

Vater und Sohn verbeugten sich voreinander, mit ernster Miene. Das war der Abschied. Dann verschwand der Vater, um seiner Ehre und seiner Pflicht Genüge zu tun.

Der Vater kam nicht zurück. Der Krieg verschluckte viele tapfere Samurai, die ohne Angst und voller Tapferkeit für ihre Anführer kämpften.

Allerdings wusste niemand so recht, worum es bei dem Krieg eigentlich ging: Anscheinend hatten einige hohe Fürsten Streit miteinander, den sie mit Waffen austrugen.

Uyeda gab sich viel Mühe, so ehrenvoll zu handeln, wie sein Vater es von ihm erwartete. Er zeigte Härte im Umgang mit seiner Mutter und den jüngeren Geschwistern, verbarg seine Gefühle und übte jeden Tag das Kämpfen mit dem Schwert, jetzt unter Anleitung eines älteren Samurai.

Obwohl er die Sorge und die Trauer um den verschwundenen Vater niemandem zeigte, bemerkte er doch, dass der Vater zwar stark und tapfer gewesen war – jetzt aber war er weg. Hayao jedoch war hier und kümmerte sich um die Familie, freundlich und lächelnd, so dass ihm schon bald jeder vertraute.

Uyeda fand das verwirrend. Die Welt schien ihm ungerecht, wenn die, die alles richtig machten – wie sein Vater – dafür bestraft wurden, während die, die weich und disziplinlos waren, nicht nur ein gutes Leben führten, sondern auch noch von allen gemocht wurden. Er wusste nicht, ob er Hayao lieben oder hassen sollte.

Bald kam ein Abend, an dem Uyeda die Hilfe des Onkels brauchte. Beim Training mit dem Bokken hatte er einen heftigen Schlag auf die Finger bekommen, die jetzt geschwollen und unbeweglich waren. Der Schmerz war fast unerträglich.

Hayao warf einen Blick darauf und sagte: „Das müssen wir kühlen."

Er bat einen der Diener um kaltes Wasser aus dem Brunnen und feuchte Tücher. Hayao bat tatsächlich. Er gab keine barschen Anweisungen, und er hatte auch für die Bediensteten stets ein Lächeln übrig.

„Ich glaube nicht, dass etwas gebrochen ist“, sagte der Onkel. „Aber ich mache mir Sorgen, dass du dir echte Verletzungen zuziehen wirst, wenn du so weiter trainierst. Wer immer nur Härte übt, wird spröde – so wie der Ton, der vor dem Backen weich und beweglich ist, und nach dem Backen hart und empfindlich.“

Das verwirrte den Jungen. „Aber wir müssen den Ton doch backen, damit wir daraus stabile Gefäße bekommen!“, protestierte er. „Und ein Samurai muss hart werden, damit er seine Gegner besiegen kann.“

Der Onkel nickte. „Ja, das sagen viele. Und du hast recht: Wenn wir den Ton nicht brennen, können wir aus einem Becher nicht trinken. Dafür können wir aus dem ungebrannten Ton noch viel mehr machen als nur einen Becher. Und auch Menschen sind so: Sie können vieles sein, sie dürfen sich verändern und anpassen, wenn sich die Zeiten ändern. Menschen müssen nicht gebrannt werden.“

Uyeda wurde ungeduldig. „Genug mit dem Ton, Onkel. Ich verstehe nicht, worauf du hinaus willst.“

„In Ordnung. Was ich meine: Du bist nicht aus Ton. Du bist aus Fleisch und Blut. Dein Vater war ein harter Mann, aber du darfst selbst entscheiden, welche Art Mann du einmal werden willst.“

Der Onkel begann, ihm einen Verband um die verletzte Hand anzulegen. „Wenn du nicht an Ton denken willst, denk an Pflanzen. Der harte Ast bricht, wenn man ihn zu sehr belastet. Der Grashalm gibt nach. Überleg mal, welche Pflanze länger lebt.“

Darüber dachte Uyeda in den nächsten Tagen lange nach, während seine Hand heilte. Dann ging er wieder zu seinem Onkel.

„Hayao“, sagte er. „Ich möchte genauer wissen, was es mit dem Grashalm und dem Ast auf sich hat. Ich gebe zu, dass der Ast schneller bricht. Aber wenn ich jemanden damit schlage, hat er viel mehr Effekt als das Gras.“

Der Onkel lachte. „Stimmt. Das ist das Problem mit den Vergleichen. An irgendeinem Punkt lassen sie uns im Stich.“Dann stupste er dem Jungen die Nase. Das war entsetzlich unpassend für den Sohn eines Samurai, verletzte seine Ehre, aber trotzdem störte es Uyeda komischerweise nicht.

„Was meinst du?“, fragte Hayao dann. „Magst du ein bisschen chinesische Kampfkunst lernen? Weich wie das Wasser, biegsam wie der Grashalm – aber stark wie ein Tsunami und schmerzhaft wie eine Peitsche?“

Uyeda nickte.

Und so fand er sich in den kommenden Tagen auf der Wiese wieder, auf der er am Anfang dieser Geschichte den Fischen zugesehen hatte. Onkel Hayao brachte ihm bei, sich zu bewegen wie ein Leopard. Er schlug zu wie ein Tiger, umrundete den Gegner wie ein Kranich und glitt wie eine Schlange an ihm entlang. Hayao zeigte auch die kraftvollen, runden Techniken des Drachen. Vor allem aber lernte Uyeda, harten Attacken weich zu begegnen, sich den Bewegungen eines Angreifers anzupassen und ihn mit seiner eigenen Kraft zu schlagen.

„Die wichtigste Fähigkeit ist das Zuhören“, lehrte Hayao. „Im normalen Leben – damit wir wissen, wie es anderen Menschen geht und uns darauf einstellen können. Wenn wir ihnen richtig begegnen, müssen wir vielleicht nicht kämpfen. Vor allem sind wir aber nicht überrascht, wenn sie unfreundlich sind.“ Er hob einen Finger. „Im Kampf aber hören wir nicht nur mit den Ohren. Wir hören mit dem ganzen Körper, fühlen, was der andere tut. So kennen wir seine Pläne, manchmal, bevor sie ihm selbst bewusst sind. Und wir müssen ihnen nicht mit Kraft begegnen. Der Gegner strengt sich an, aber wir tun nur, was unbedingt nötig ist.“

So hatte Uyeda noch nie gekämpft. Er gewann eine wilde Freude an den fließenden, schnellen Bewegungen der für ihn neuen Kunst.

Sie übten stets morgens. Danach wanderten sie den Berg hinunter. Und nun erschienen Uyeda auch die früher ermüdenden und langweiligen Schwertkampfeinheiten einfach und leicht. Während seine Übungspartner sich verausgabten und mit aller Kraft zuschlugen, ließ er ihre Angriffe abperlen, glitt mit seinem Schwert ins Ziel wie eine Schlange, umrundete die vorstürmenden Krieger wie ein Kranich und fällte sie wie ein Drache.

Am schönsten aber war, dass er nicht mehr hart und verbissen sein musste. Er strich seinen Geschwistern über die Haare und lächelte seiner Mutter zu, half den Bediensteten beim Wassertragen und wanderte manchmal am Abend bis ans Meer, um auf die Wellen des weichen Wassers zu sehen…

Fragen:

Als Uyeda am Bach sitzt, denkt er darüber nach, dass er dort keine Fische fangen möchte, weil das gemein ist und die immer sehr zappeln. Wie siehst Du das? Könntest Du Fische fangen? Würdest Du sie essen, wenn jemand anders sie fängt? Und wie ist es mit Fleisch, ist es nicht auch gemein, dass man Tiere tötet, um sie aufzuessen? Oder ist das in Ordnung?

Was ist Uyedas Problem mit seinem Vater? Was könnte der Vater besser machen, damit Uyeda sich wohlfühlt? Und was denkst Du: Warum ist der Vater so streng und macht so viel Druck?

Arbeitsgemeinschaft Yu Gi Oh

Klaus-Günther Beck-Ewerhardy

„Qi Gong, Meditation & Tai Chi." Die Worte hatte Toby vorher noch nie gehört. Doch in der kleinen Broschüre mit den AG-Ankündigungen für die fünfte und sechste Klasse des Heinz-Erhardt-Gymnasiums war dies die einzige Seite, die seine Aufmerksamkeit erweckte.

Toby war neu am „Heinzi" und in der Orientierungswoche zu Beginn der Klasse 5 hatte Frau Töpferle, seine neue Klassenlehrerin, ihnen diese Broschüre mitgebracht. Da gab es eine Schach-AG, Schreib- und Lesespiele, Fußball, Computer, Theater, Zoo, Leichtathletik, Mathe (*wer zur Hölle will freiwillig Mathe machen?*), Erste Hilfe, Segeln, Tanzen (igitt) und diese „Qi Gong, Meditation & Tai Chi"-Nummer.

Neben dem Schriftzug war ein Symbol, das Toby gut kannte – das Tai Chi-Symbol. Ein Kreis, geteilt durch eine Wellenlinie, eine Hälfte schwarz und eine weiß mit jeweils einem schwarzen und einem weißen Punkt im dicksten Bereich. Das kannte er, denn in den *Anime*-Serien, die er so gerne sah und über die seine Mutter sich immer so aufregte, kam dieses Symbol sehr oft vor.

In dem Text zu dieser Überschrift stand etwas zu Shaolin- und anderen Mönchen, zu Gesundheit und Konzentration, aber Toby hatte – wie so oft – keine Geduld zum Lesen. Dafür schaute er interessiert auf das Photo mit dem roten Tempel unter einem lackgrünen Dach, der mitten in einer nebligen Berglandschaft stand.

Fast schon magisch sah das aus und vor seinem inneren Auge begannen Szenen aus seinen Lieblingsserien aufzutauchen und einige der Figuren begannen die Zauberlandschaft des Photos zu bevölkern. Dann stieß ihn Peter, sein Spezie aus der Grundschule, an, um ihm ein Bild auf seinem Handy zu zeigen. Sofort war Toby auf den süßen kleinen Welpen konzentriert, den Peters Eltern in der letzten Woche der Sommerferien gekauft hatten. Das war super und Toby war nicht wenig neidisch.

Bis die Stimmzettel zur AG-Wahl am nächsten Tag herumgingen, hatte Toby nicht mehr an die Arbeitsgemeinschaften gedacht. Ohne lange darüber nachzudenken kreuzte er als Zweitwunsch die „Qi Gong"-AG an, denn Peter hatte Fußball gewählt und obwohl Fußball Toby weder begeisterte noch störte, wollte er doch bei Peter bleiben, der allerdings als Zweitwunsch Mathe gewählt hatte: Bäh!

Mittwochnachmittags. 14:30. Toby ist mit zehn anderen in den Umkleidekabinen der kleinen Nebenhalle des „Heinzi" und zieht sich um. Er ist ein wenig nervös, denn aus seiner neuen Klasse sind nur Verena, Julia und Waqas in der Arbeitsgemeinschaft, drei Leute, die er nicht aus der Grundschule kennt und die er auch noch nicht richtig einschätzen kann.

Die anderen – zwei weitere Mädchen und fünf Jungen – kennt er bisher nur vom Sehen auf dem Schulhof. Diese Unsicherheit nagt an ihm und er trinkt noch einen Schluck von seinem Energy-Drink, den er sich auf dem Weg in die Schule an der Trinkhalle gekauft hatte, obwohl am „Heinzi" diese Getränke eigentlich nicht erwünscht sind.

Dann streift er schnell sein Yu-Gi-Oh-T-Shirt über, zwängt sich in die neuen Hallenschuhe und beginnt auf der Holzbank in der Umkleide hin und her zu wippen. „Zappelphilipp“ nennt ihn seine Oma wegen dieser Angewohnheit öfter und hat mal angefangen ihm eine Geschichte über einen Jungen zu erzählen, der immer so herumwippte wie Toby, aber seine Mutter hatte die Erzählung unterbrochen mit der Bemerkung: „Mir hast du damit als Kind schon Angst gemacht. Der Toby schläft schon so so schlecht, ohne, dass er noch neue Albträume bekommt.“

Toby hatte das zwar nicht verstanden, aber kurz darauf hatte er seine neue Spielekonsole bekommen und die Idee, herauszufinden, wie diese Geschichte denn nun ausging, ging in der Jagd nach Leveln und Punkten schnell verloren.

In der Halle erwartet sie eine ziemlich junge Lehrerin mit einen dieser langen Doppelnamen, die nach Tobys Erfahrungen insbesondere bei Kindergärtnerinnen, Lehrerinnen und Therapeutinnen vorkommen und die sich Toby aus irgendeinem Grund nie wirklich merken kann. Sie sieht nett aus und trägt einen naturfarbenen Kungfu-Anzug in einem sehr einfachen Schnitt, wie er ihn noch nie gesehen hat. Komischerweise sieht er dadurch viel echter aus, als die, die er aus dem Fernsehen kennt. An den Füßen trägt sie ganz flache schwarze Schuhe mit seltsamen weißen Streifen, die aussehen, wie ein aufrechtstehender Zebrastreifen. Ruhig lächelnd wartet die Lehrerin, bis die Kinder sich in einer Reihe vor ihr aufgestellt haben.

Nach der Vorführung einer Handbewegung, die Toby ein wenig an „Avatar“ erinnert, kommt die chinesische Begrüßung. Die Lehrerin sagt: „ Nĭmen hăo, xuéshengmen!“ (das heißt: Guten Tag, Schüler). Die Kinder antworten: „Nĭ hăo, lăoshī!“ (das bedeutet natürlich: Guten Tag, Lehrer).

Dann wird gelaufen. Das ist eigentlich wie im Sportunterricht. Auch die Richtungswechsel: vorwärts, rückwärts, seitwärts, der Hoppsalauf und der Entengang sind nichts Neues, genauso wenig wie die Liegestütze und die Kniebeuge – obwohl, die sind schon anders. Man soll so tief hinuntergehen, wie man kann, ohne dass die Fersen den Boden verlassen. Manche schaffen das problemlos – besonders die Mädchen -, aber Toby kommt kaum auf einen rechten Winkel der Beine, bevor seine Fersen beginnen, sich vom Boden zu lösen. Das ärgert ihn schon sehr und auch die nächsten Übungen misslingen ihm, weil bei Ärger das Blut in seinen Ohren so rauscht und er dann nicht richtig hören kann. Und dann ärgert er sich noch mehr. Deswegen behauptet er zwischendurch, auf Toilette zu müssen, rennt in die Umkleide und trinkt schnell den Rest von seinem Energy-Drink.

Zurück in der Halle muss er zusammen mit den anderen in ganz seltsamen langsamen Schritten die Halle auf- und abgehen, während die Lehrerin zwischen ihnen hin- und hergeht und ihre Körperhaltung und die Schritte korrigiert. Toby wird dabei immer nervöser und stolpert schon mal über seine eigenen Füße, was ihn dann noch mehr ärgert als zuvor. Doch die Lehrerin bleibt ruhig und freundlich und zeigt ihm die Schritte wieder und wieder. Sie sehen so einfach aus, aber immer wieder unterlaufen Toby Fehler und er kommt sich immer doofer vor. Er denkt daran, wie er schnell aus dieser seltsamen AG herauskommen kann. Das hier wird er nie lernen – und überhaupt: es ist gar nicht wie Yu-Gi-Oh.

Gegen Ende der Stunde verteilt die Lehrerin einige hohe Kissen in einem Kreis auf dem Boden. Dann holt sie aus einem kleinen Seesack ein weiteres, mit Stickereien versehenes Kissen, das sie wohl von Zuhause mitgebracht hat, zieht ihre Schuhe aus und setzt sich im Schneidersitz hin.

Toby ist entsetzt. Das kann doch jetzt echt nicht wahr sein.

Nach einer Ewigkeit „Zeitlupengehen“ soll er jetzt ganz still sitzen? Er? Toby „Zappelphilipp?“ Jetzt sofort? Alles in ihm brennt nach Bewegung, nach Action, und nun das? Verstohlen sieht er sich um und stellt fest, dass einige der anderen auch ein wenig irritiert gucken. Dann ziehen aber alle ihre Schuhe aus und setzen sich hin. Mürrisch folgt Toby ihrem Beispiel und sitzt nun mit dem Gesicht zur Lehrerin, die immer noch freundlich lächelt. Dann beginnt sie zu erklären, wie die Kinder sitzen sollen.

Toby ist bis dahin nie bewusst gewesen, was man beim Sitzen alles falsch machen kann. Nervös beginnt er auf seinem Kissen herum zu wippen und sich laufend nach den anderen Kindern umzusehen. Doch dann sind die Haltungskorrekturen vorbei und die Lehrerin drückt auf die Taste einer Fernbedienung und es erklingt leise Musik in der Halle. Immer noch freundlich bittet die Lehrerin die Kinder, die Augen zu schließen. Unwillig tut Toby auch dies, denn eigentlich hat er wie immer Angst, irgendetwas zu verpassen. Trotzdem versucht er den Anweisungen der Lehrerin so genau wie möglich zu folgen.

Die Kinder sollen sich vorstellen, dass sie bis über den Kopf in einer warmen Flüssigkeit sitzen, die ihren Körper ein wenig stützt und die man wundersamer Weise atmen kann. Diese Flüssigkeit beginnt nun langsam abzusinken, während die Kinder nach einem von der Lehrerin vorgegebenen Rhythmus zu atmen versuchen. Währenddessen beginnt Toby darüber nachzudenken, in welche AG er wechseln könnte und die Wunderflüssigkeit hat gerade seine Ohrläppchen erreicht.

Toby hört ein leises Kichern. Komisch. In seinem Zimmer kichern doch eher selten andere Kinder. Oder hatte er schon wieder den Fernseher angelassen? Da würde Mama sich aber ärgern. Da muss er schnell aufstehen und abschalten. Wieso fühlt sich aber der Boden unter ihm so weich an?

Vorsichtig schlägt Toby seine Augen auf. Er liegt auf einer blauen Gymnastikmatte und einige der anderen Kinder bringen ihre Kissen bereits zurück in den Geräteraum der Halle. Ein paar von den älteren Jungen grinsen ihn breit an.

PEINLICHKEIT! Ist er wirklich in der Turnhalle eingeschlafen? Einfach so? Vor allen Augen? Toby legt die Hände vors Gesicht und wartet darauf, dass sein Wippen wieder anfängt, wie eigentlich immer in solchen Situationen. Aber diesmal spürt er eher ein Flattern in seinen Muskeln. Langsam lässt er die Hände sinken und sieht sich überrascht um.

„Ihr seid am Ende eines langen Schultages in der Mitte einer Woche voller neuer Dinge und Aufregungen. Dabei merkt man oft nicht, wieviel man eigentlich tut und erlebt. Aber man verbraucht doch Energie dabei. Unsere Sitz- und Atemübung kann uns das deutlich machen. Wenn also jemand von Euch bei der Meditation einschläft, dann ist das gar nicht schlimm. Das zeigt nur, dass sein Geist ein wenig Ruhe benötigt – und dann sollte er die auch bekommen."

Toby hört die Worte der Lehrerin kaum. Er wird auf jeden Fall aus dieser AG rausgehen. Wie peinlich ist das denn? Einschlafen vor aller Augen. Wenn sich das bloß nicht in der Klasse herumspricht.

Der nächste Mittwoch. Tobys Mutter hat sich nach viel Quengeleien dazu bereit erklärt, einen Zettel für die AG-Umwahl auszufüllen. Aber Herr Blöm, der Stufenberater, hat gesagt, dass die AGs erst nach vier Wochen gewechselt werden können. Und so ist Toby nach einer durchgewachten Nacht den ganzen Schultag über hippelig gewesen und hat sogar Streit mit Frau Töpferle angefangen.
Im Moment kann er sich in der Ruhe der Halle gar nicht mehr daran erinnern, warum überhaupt.

Diesmal werden die Kissen direkt nach dem Laufen herausgeholt. Nachdem die Kinder sich gesetzt haben, beginnt wieder die Musik zu spielen. Diesmal scheint sie das nervöse Flattern in Tobys Muskeln ein wenig zu beruhigen. Statt die Augen zu schließen, sollen sich die Kinder im Sitzen bewegen, die Augen reiben, ihren Kopf und ihre Schultern massieren und verschiedene Dehnungsübungen machen.

Toby merkt, wie das Flattern in ihm immer mehr nachlässt, während er gleichzeitig ein wenig wacher wird. Die Übungen und Berührungen beruhigen seinen Bewegungsdrang. Er ist richtig traurig, als sie wieder ruhig gerade sitzen sollen – aber anders als zu Beginn der Stunde ist es ihm egal, ob er einschläft. Na ja, fast egal. Er hat die letzte Woche ein paar Mal mit Julia und Waqas gesprochen und will sich vor ihnen nicht noch einmal blamieren. Doch diesmal gibt es kein heftiges Wippen wegen der Nervosität, so wie letzte Woche. Und Toby fällt das noch nicht einmal auf.

„Die Flüssigkeit sinkt unter unseren Bauchnabel und unterhalb des Bauchnabels fühlt es sich angenehm warm und schwerelos an."

Frau Lehmstedt-Herrmüllers Stimme fließt ruhig durch Tobys Kopf und er glaubt wirklich, kleine Wellen zu spüren, die in seinen Bauchnabel hinein- und wieder aus ihm hinausgehen. Es ist ein seltsames Gefühl – aber irgendwie richtig.

„Oberhalb des Bauchnabels wird die Haut schnell trocken und glatt und wir fühlen dort eine angenehme Kühle. Leicht fließt der Atem in den…"

Plötzlich hört Toby ein ganz unerwartetes Geräusch. Ein leises Schnarchen dringt an sein Ohr. Hört er da schon sein eigenes Echo? Vorsichtig öffnet er seine Augen ein wenig und dreht ganz langsam den Kopf.

Da, drei Kissen weiter, ist Julia der Kopf auf die Brust gesunken und ihr Oberkörper ist ein wenig zusammegesackt. Immer noch gleichmäßig weitersprechend steht Frau Lehmstedt-Herrmüllers auf und zieht dabei eine Gymnastikmatte hinter sich hervor.

Leichtfüßig gleitet sie zu Julia hinüber, legt die Matte neben sie auf den Boden und rollt Julia langsam und vorsichtig darauf.

Kaum liegt Julia bequem auf der Matte, hört das Schnarchen auf. So sieht sie richtig süß aus, denkt sich Toby und wird dann wegen des Gedanken kurz so rot, als wenn er laut gesprochen hätte.

Immer noch redend – mittlerweile ist die Flüssigkeit knapp über den verschränkten Fußgelenken angekommen – sieht sich Frau Lehmstedt-Herrmüllers um und bemerkt, dass Toby sie beobachtet. Ohne ihren Redefluss zu unterbrechen legt sie kurz ihren Zeige- und Mittelfinger zusammen an die sich bewegenden Lippen, lächelt und macht einmal, ganz langsam – so wie eine Eidechse – die Augen auf und zu. Zufrieden schließt Toby seine Augen wieder und meditiert weiter.

Dezember. Ein Samstag. Tag der offenen Tür am „Heinzi." Tobys AG-Gruppe hat Wandbilder zu Tai Chi und Qi Gong angefertigt, Photos aus der AG und von chinesischen Klöstern aufgehängt und der Raum wird von ruhiger asiatischer Musik erfüllt. Räucherkerzen sorgen noch weiter für eine feierliche Atmosphäre.

Die Kinder der AG tragen alle schwarze Hosen und T-Shirts und erzählen interessierten Eltern der Schule und Eltern von Kindern, die nächstes Jahr von der Grundschule aufs „Heinzi" kommen sollen über Qi, Yi und andere Dinge. Sie zeigen auch Bilder von Yu-Gi-Oh und anderen Animes und erklären, wie einige der Tricks und Bewegungen der Figuren ihren Ursprung wohl in den Übungen und Konzepten des Tai Chi und des Qi Gong haben.

Toby trinkt von seinem Tee. Ihm ist gar nicht aufgefallen, wie sich seine Trinkgewohnheiten geändert haben. Seit zwei Monaten hat er schon keinen Energy-Drink mehr angefasst. Seine Mutter hat vor einigen Tagen die letzten Dosen aus dem Kühlschrank in die Spüle entleert – nicht ohne vorher mal eine zu probieren und das süße Zeug absolut schauerlich zu finden. Sie ging davon aus, dass es besser wäre, nicht mit Toby über diese Veränderung zu reden, denn auch seit zwei Monaten ist dieser nicht mehr so ein Zappelphilipp. Deswegen ist sie auch heute neugierig mit in die Schule gekommen, für diesen Tag, für den Toby unbedingt ein neues schwarzes T-Shirt gewollt hat.

Den Raum findet sie schon einmal sehr hübsch, wenn ihr auch die Räucherkerzen ein wenig übertrieben vorkommen. Und die Lehrerin in dem komischen langen dunkelblauen asiatischen Kittel wirkt schon ein wenig affig, denkt sie sich. Und dieser etwas ältere Chinese in dem leicht speckigen weißen Anzug kommt ihr auch nicht so ganz geheuer vor.

Frau Lehmstedt-Herrmüllers hat ihren Lehrer zur ersten Vorstellung des Tages eingeladen. Das ist spannend, denkt Toby. Trotzdem hat er in der Nacht zuvor gut geschlafen und fühlt auch jetzt nur eine leichte, energetisierende Anspannung. Immer wenn er glaubt, ein wenig wippen zu müssen, sieht er zu ShīfuLong hinüber, der ruhig zurücklächelt.

Dann schlägt Mustafa aus der 5b gegen die große Klangschale und die Kinder stellen sich in einer Reihe auf. Frau Lemstedt-Herrmüllers und Shīfu Long stellen sich nebeneinander ihnen gegenüber. „Nǐmen hǎo, xuéshengmen!“ „Níng hǎo, shīfu, nǐ hǎo, lǎoshī!“

Eine kurze Verbeugung mit dem, was die Kinder als den daoistischen Gruß kennengelernt haben – ein Tai Chi-Symbol mit den Händen.Dann werden im „Spiel der Gelenke“, einer Abfolge von Übungen zum Lockern des Körpers,die Muskeln und Gelenke vorbereitet. Danach zeigen die Kinder ihren Zuschauern die Qi Gong-Reihe „Der Bär kommt aus dem Winterschlaf“, begleitet von einer kleinen Geschichte, die Julia mit ihrer schönen ruhigen Stimme vorträgt. Die Kinder sind ganz in der Rolle des Bären, der in seiner Hölle aufwacht, die müden Knochen streckt und dann langsam hinaus in die Sonne geht um die Wärme und die Luft zu genießen. Sie fühlen sich beinahe so wohl wie ein Grizzly im April.

Im Anschluss daran zeigen sie noch eine kleine Tai Chi-Form, bevor sie sich im Kreis auf Kissen setzen und eine kleine sechsminütige Meditation durchlaufen. Das reicht zwar nicht wirklich, um zu meditieren, aber die Eltern sind trotzdem beeindruckt. Zehn Kinder, die sich mehr als eine Minute nicht bewegen und nicht reden und das, obwohl sie wach sind und kein Fernseher läuft? Wow! Am Ende der Vorführung stehen die Kinder wieder auf, grüßen ihre Lehrer, ihr Publikum und einander und genießen den Applaus für ihre Leistungen. Toby ist ganz ruhig und hat nicht das Gefühl, irgendetwas tun zu müssen.

Plötzlich steht Shīfu Long vor ihm: „Wie heißt Du, xuésheng?“ (xuésheng ist chinesisch für Schüler).

Toby ist sehr überrascht und versucht erst einmal, seine Worte zu sortieren.

„Äh, mmmh, nun,…, Tobias Langes, shīfu."

Shīfu sieht Toby ruhig in die Augen und der merkt, wie dessen Ruhesich auch in ihm selbst ausbreitet – wie in der Meditation.

„Tobias Langes, du scheinst in den letzten Monaten einen langen Weg gekommen zu sein. Macht dir die AG Spaß?"

Toby will direkt antworten, atmet dann aber tief durch, konzentriert sich kurz auf sein Dan Tianund sagt: „Ja, shīfu. Sehr viel Spaß."

Wieder ein Moment der Ruhe, als ob Shīfu auch atmet und sich auf sein Dan Tian konzentriert. Toby hat sich in seinem ganzen Leben noch nie so beachtet gefühlt. „Dann solltest du vielleicht überlegen, Qi Gong und Tai Chi auch außerhalb der Schule zu üben. Wir haben eine Kindergruppe in unserem Dojo, die dir gefallen könnte."

Atmen, zur Mitte konzentrieren. „Wird da auch meditiert?"

Ein wenig besorgt antwortet Shīfu: „Ja. Etwas mehr als Hier." Atmen, zur Mitte konzentrieren.

„Gut," sagt Toby und verbeugt sich leicht mit dem daoistischen Gruß.

„tai" „ji"

Fragen:

Zu Beginn der Geschichte ist Toby ein „Zappelphilipp“. Die Geschichte liefert Gründe, warum er so unruhig ist und schlägt auch eine Lösung vor, wie sich das verbessern lässt. Was denkst Du darüber? Kennst Du Leute mit ähnlichen Problemen? Und glaubst Du, dass Qi Gong und Meditation ihnen helfen könnte?

Die Arbeitsgemeinschaft Yu Gi Oh beschäftigt sich mit Qi Gong und Meditation. Diese sehr ruhigen Übungen scheinen mit Kämpfen erst einmal gar nichts zu tun zu haben. Trotzdem zählen sie zur asiatischen Kampfkunst. Wie sieht es bei Dir im Dojo aus? Habt Ihr schon meditiert? Spielt es eine wichtige Rolle im Training?

In der Geschichte gibt es den Ehrentitel „Shīfu“, mit dem Tobys Lehrerin ihren Lehrer anspricht. Wie ist das in Deinem Dojo? Wie nennt Ihr Eure Lehrer? Beim Namen, oder mit einem Titel? Was hältst Du davon? Kannst Du Dir vorstellen, Deinen Lehrer in der Schule mit einem Ehrentitel anzusprechen?

Hintergrund & Geschichte:

Qi Gong – Die Arbeit mit der Energie: Eine Art chinesisches Yoga

氣功

Meditation - Das in die Mitte gehen: Übungen um die Gefühle und Gedanken besser zu verstehen und dann zu kontrollieren. Es gibt sehr viele unterschiedliche Idee über Meditation.

Tai Chi – das große Eine (u.a.): hier eine sehr weiche Kampfkunst, die manche als Quelle des Kungfu sehen.

太極

Qi – vereinfacht: Die Lebensenergie

氣

Yi – Der Willen eines Menschen

意

Shīfu – ein väterlicher Lehrer: praktisch ein Lehrer für Lehrer

師父

„Der Bär kommt aus dem Winterschlaf“ – eine Form aus dem Kinder-Qi- Gong, in der die Kinder nachspielen, wie ein Bär nach Monaten wach wird und sich jagdbereit macht.

Dan Tian – das Zinnoberfeld: ein Bereich etwa zwei fingerbreit unterhalb des Bauchnabels. Dort versucht man in der Mediation das Qi hinzulenken um es dort gewissermaßen zu lagern und dann an die Stellen im Körper zu lenken, an denen es benötigt wird.

丹田

Linas erster Judowettkampf

Ira Treske

„Lina, aufstehen!“ ruft Mama Ursula.

Doch Lina ist schon längst wach, denn heute ist der große Tag. Ihr erster Judowettkampf!

Letzte Woche hatte ihre Trainerin gesagt: „Lina, du hast jetzt deinen weiß-gelben Gürtel. Was hältst du davon, auf einem Turnier zu starten?“

Lina war außer sich vor Freude, denn immer wenn die älteren Kinder auf einem Wettkampf gewesen waren, durften sie vor dem Training nach vorne und dann erzählte die Trainerin von dem Wettkampf und alle Kinder applaudierten für die Kämpfer. Einmal hatte Sven, der einzige Grüngurt in der Gruppe, sogar mal eine Goldmedaille gewonnen.

„Ich will auch mal eine Medaille gewinnen, wenn ich groß bin“, hatte Lina damals zur Trainerin gesagt. Die hatte geantwortet: „Das wirst du, wenn du nur fleißig genug trainierst!“

Und jetzt ist es so weit. Ihr erster Judowettkampf. Lina konnte in der Nacht kaum schlafen, so aufgeregt war sie. Es ist noch dunkel, als Lina und die anderen Kinder an der Halle ankommen, in der das Turnier stattfinden soll.

Die Trainerin ruft alle zusammen: „Wir gehen jetzt erstmal zum Wiegen, damit ihr in eure Gewichtsklassen eingeteilt werdet."

Danach erklärt sie: „Lina, du hast noch zwei andere Kinder in deiner Gewichtsklasse!"

Zum Glück ist Linas Mama dabei, denn so langsam wird ihr doch etwas mulmig, als sie in die große Halle mit den drei Mattenflächen und den viel zu vielen Menschen kommt.

„Wow, hier soll ich kämpfen?" fragt sie mit großen Augen und zeigt auf die Matten.

„Ja klar, du bist bald auf Matte zwei dran", ermutigt sie die Trainerin.

In der nächsten Stunde muss Lina dauernd auf die Toilette und wartet mit einer Mischung aus Vorfreude und etwas Unwohlsein auf ihren ersten Kampf. Zum Glück machen alle ein Aufwärmprogramm zusammen, dadurch wird sie etwas abgelenkt. Hampelmann, Strecksprünge und Gymnastik, so wie auch im Training. Während Lina springt und sich dehnt, ist sie mit Gedanken schon auf der Matte: „Werde ich gewinnen? Sind meine Gegner besser als ich? Werde ich meinen Lieblingswurf O-Goshi werfen können?"

Plötzlich wird sie aus ihren Gedanken gerissen. „Lina, nach diesem Kampf bist du dran, du schaffst das!"

Und dann geht alles ganz schnell: Die Trainerin bindet Lina den roten Kampfgürtel über ihren eigenen weiß-gelben Gürtel, damit die Kinder unterschieden werden können. Lina geht auf die Matte und macht alles so, wie sie es im Training vorher geübt hat. Verbeugen, außen herum an die Kampffläche gehen, verbeugen. Sobald das Kommando „Hajime" vom Kampfrichter kommt, geht es los.

„Oh je, meine Beine fühlen sich wie Gummi an", denkt Lina, und in dem Moment wird sie schon von ihrer Gegnerin durch die Luft gewirbelt.

Sie kann sich zwar gerade noch fangen, aber als sie stolpert, setzt das andere Mädchen nach und landet im Haltegriff Kesagatame.

Lina hört den Kampfrichter sagen: „O-sae-komi“, und weiß, dass sie jetzt nur noch wenige Sekunden hat, um aus dem Haltegriff zu kommen. Sie dreht und windet sich, doch die Gegnerin ist einfach zu stark. Nach einem lauten „Ma-te“ ist der Kampf zu Ende und Lina hat verloren.

Etwas verdutzt schlurft sie von der Matte, wo eine begeisterte Trainerin auf sie wartet: „Lina, das hast du ganz toll gemacht!“

„Aber ich habe doch verloren“, erwidert Lina enttäuscht.

„Weißt du was, das ist dein erster Wettkampf und du hast dich auf der Matte ganz toll geschlagen! Mal gewinnt man, mal verliert man. Wichtig ist, dass du aus deinem verlorenen Kampf lernst und überlegst, was man besser machen könnte. Aber das wichtigste ist, dass dir das Kämpfen einfach Spaß macht.“

„Hmmm“, brummt Lina.

„Auf geht's, du hast gleich noch eine zweite Chance und dann gibst du nochmal alles!“ Mit diesen Worten geht die Trainerin und lässt Lina alleine auf der Zuschauerbank sitzen, um sich um die anderen Kinder zu kümmern.

Als Lina zum zweiten und letzten Kampf aufgerufen wird, ist sie fest entschlossen, zu zeigen was sie kann. Sie wird sich nicht gleich wie vorhin in den ersten Sekunden werfen lassen. Ein kurzer Blick zu Mama und ihrer Trainerin gibt ihr nochmal zusätzlich Kraft.

Als sie das Startzeichen „Ha-jime“ hört, holt sie sich schnell ihren Griff und schnappt sich ihre Gegnerin ganz genau so, wie sie sie für ihren Lieblingshüftwurf O-Goshi braucht. Das andere Mädchen steigt über und kann den Wurf gerade noch verhindern, aber so leicht gibt Lina nicht auf.

Blitzschnell dreht sie sich erneut ein, geht tief in die Knie, zieht das Mädchen an sich und wirft in einem hohen Bogen zu Boden.

„Ippon, Ippon!“ hört sie die Trainerin jubeln.

„Ippon, das heißt ich habe einen ganzen Punkt und meine Gegnerin ist flach auf dem Rücken gelandet“, macht sich Lina klar. „Das heißt, ich habe gewonnen!“

Als der Kampfrichter Lina als Siegerin anzeigt, jubeln Mama, die Trainerin und die anderen Vereinskinder laut.

Bei der darauffolgenden Siegerehrung darf Lina auf das Treppchen steigen. Als Zweite bekommt sie eine Silbermedaille umgehängt und vor ihr blitzen die ganzen Fotoapparate.

„Meine erste Medaille und dann gleich eine silberne“, denkt sich Lina stolz und überglücklich.

Auch einige der anderen Kinder haben Medaillen gewonnen und Lina hat kräftig mitgejubelt. Als ihr bester Freund Olli kämpft, ist Lina genauso aufgeregt, als stünde sie selbst auf der Matte.

„Kinder, ich bin so stolz auf euch! Ihr habt ganz toll gekämpft und wir schreiben einen großen Artikel für die Zeitung!“ verkündet die Trainerin.

Müde, aber glücklich liegt Lina abends im Bett: „Der Wettkampf hat so einen Spaß gemacht! Und wenn ich groß bin, werde ich Weltmeisterin“, murmelt sie und schläft mit einem Lächeln ein.

Fragen:

Linas Trainerin verspricht ihr, dass sie eine Goldmedaille gewinnen wird, wenn sie nur fleißig genug trainiert. Wie siehst Du das? Glaubst Du, dass jeder mit genug Training eine Medaille gewinnen kann?

Vor dem Wettkampf und zwischen den Kämpfen ist Lina nervös, fast ein bisschen ängstlich. Das ist nicht unbedingt ein schönes Gefühl. Aber trotzdem - oder vielleicht gerade deswegen? - ist der Tag für sie ein großer Erfolg. Auch ohne Goldmedaille ist sie glücklich. Was denkst Du, wie das kommt? Kann es sein, dass Nervosität und sogar Angst manchmal gute Gefühle sind? Kennst Du selbst Situationen, in denen Du Deine Angst überwunden hast und Dich danach großartig gefühlt?

"Mal gewinnt man, mal verliert man", sagt die Trainerin zu Lina nach ihrem ersten Kampf. Was glaubst Du kann man daraus lernen, wenn man mal verliert? Glaubst Du, dass Dich eine Niederlage auch stärker machen kann?

Obwohl es beim Wettkampf doch gegen andere geht, scheint Linas erster Wettkampf vor allem ein Gemeinschaftserlebnis zu sein. Die Kinder kommen einander näher und unterstützen einander. Wie ist in Deinem Dojo? Habt Ihr ein gutes Gemeinschaftsgefühl?

Nicht schon wieder Formen

Sabine Rieber

Für Shifu Ou

Shifu Ou stand in seinem kleinen Trainerraum und machte sich einen Tee. Von hier aus hatte er einen guten Blick in die Trainingshalle auf seine Schülerinnen und Schüler. Gerade war Kindertraining.
Seine KungFu-Schüler trainierten ihre Formen. Sollten sie zumindest.

Doch ihm war aufgefallen: Immer wenn sie dachten, er sehe gerade nicht hin, hingen ein paar der Jungen und Mädchen nur lustlos herum oder machten Blödsinn.

Shifu Ou runzelte die Stirn. So konnte das nicht weitergehen.
Er musste mit seinen Schülern reden.

Abends fiel ihm etwas ein.

Als die Kinder am nächsten Trainingstag in die Halle kamen, wunderten sie sich, dass dort bereits zwei von den älteren Schülern auf sie warteten.

Nach der üblichen Begrüßung, bei der alle Schüler in einer Linie stehen, sprach Shifu Ou:

„Das sind Lena und Matteo.
Sie werden euch heute etwas vorführen. Setzt euch."

Shifu Ou nickte und Matteo setzte sich zu den neugierig gewordenen Mädchen und Jungen an den Rand der Halle, während Lena in die Mitte lief und sich in Anfangsposition stellte.

Sie blickte zu Shifu Ou. Sobald dieser wieder nickte, vollführte sie die Grußbewegung. Dann begann sie alleine mitten in der Halle eine Form vorzuführen.

Lena bewegte sich erst langsam, zeigte zwei Techniken sehr präzise und wurde dann deutlich schneller. Die Fauststöße, die sie machte, waren lang. Bei den Abwehrtechniken holte sie weit aus, fast wie bei einem Kreis. Zwischendurch stand sie immer wieder sehr tief in der Reiter- oder Katzenstellung. Plötzlich sprang sie und wurde noch schneller, hohe Tritte folgten und sie schlug ein Rad in der Luft. Nach ein paar weiteren schnellen Fauststößen und Abwehrtechniken landete sie nach einem Sprung im Spagat. Sofort erhob sie sich wieder und zeigte weitere Tritte. Alle ihre Techniken waren schnell und fließend, und dabei sehr elegant.

Die Kinder bekamen immer größere Augen.

„Wie schön!“, flüsterten ein paar der Mädchen. Und „Mann, kann die tief stehen“, ein paar der Jungs. Auf einen strengen Blick von Shifu Ou waren sie aber sofort wieder still und warteten, bis die Fortgeschrittene mit ihrer Form fertig war und zum Abschluss wieder grüßte.

„Weiß einer von euch, was für eine Form das war?“, fragte der Shifu.

Die Kinder schüttelten die Köpfe.

„Matteo?“, forderte Shifu Ou den Älteren zum Antworten auf.

„Das war Changquan, auch Long Fist (Lange Faust) genannt.“

„Sehr richtig.“ Shifu Ou nickte zufrieden. „Jetzt du, Matteo.“

Matteo erhob sich und lief in die Mitte der Halle. Lena setzte sich zu den Kindern.

Matteo stellte sich in Anfangsposition, grüßte und legte los.
Er explodierte förmlich, sprang und schlug in die Luft. Die Fauststöße in der Form, die er zeigte, waren eher kurz, aber sehr schnell.
Bei manchen Abwehrtechniken holte aber auch er weit aus.
Oft drehte er sich dabei, als ob er um die unsichtbaren Gegner herum tanze. Die aufmerksamen Beobachter unter den Kindern konnte die Tigerkrallen sehen, die Matteo mit seinen Händen formte. Bei den Tritten sprang er oft und führte auch Drehkicks aus. Kurz vor dem Ende seiner Form zeigte er noch einige schnelle Fauststöße.
Beim letzten brüllte er wie ein Tiger, woraufhin einige der Kinder zusammen zuckten.

„Wow!“, entfuhr es einem der Kinder, dann schlug es sich erschrocken die Hand vor den Mund als es sich erinnerte, dass sie still sein sollten.

Matteo zeigte seine Form bis zum Ende. Dann grüßte er, blickte zu Shifu Ou und setzte sich zu den anderen.

„Einen Kreis!“, rief der Shifu und alle Kinder beeilten sich.

„Was war das für eine Taolu?“, fragte der Shifu mit einem Lächeln. Er war sehr zufrieden. Nachdem die Kinder die zweite Form gesehen hatten, waren sie noch beeindruckter als nach der ersten.

Als keine der Schülerinnen und Schüler antwortete, sprach Lena:

„Das war Nanquan, auf deutsch 'Südfaust'.“

Shifu Ou brummte zustimmend.

„Was ist euch aufgefallen?“

Zuerst zögerten die Kinder, doch auf einmal redeten sie wild durcheinander.

Shifu Ou hob die Hand und brummte. Diesmal klang es nicht zustimmend.

„Einer nach dem anderen.“, fügte er hinzu.
„Sonst verstehe ich keinen von euch.“

Er nickte einem der Jungen aufmunternd zu.

Was glaubt ihr, worüber haben die Kinder gesprochen?

Was mag ihnen aufgefallen sein?

Wozu üben wir Taolu / Formen / Kata und wie auch immer sie in anderen Kampfkünsten heißen?

Das haben die Kinder herausgefunden:

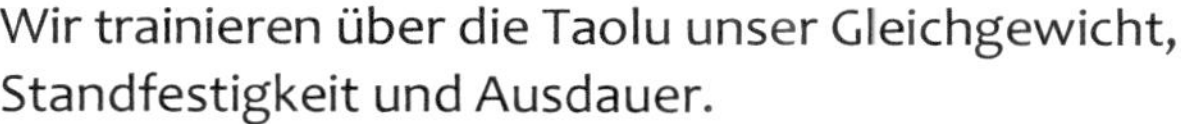

Wir trainieren über die Taolu unser Gleichgewicht, Standfestigkeit und Ausdauer.

Kraft und Schnelligkeit kommen später fast von alleine dazu. Ebenso üben wir dabei die Dehnbarkeit unserer Muskeln, Bänder und Sehnen.

Unser Ziel sind fließende Bewegungen und Leichtigkeit.

Und wir üben, Körper und Geist auf den Augenblick zu konzentrieren.

Shifu Ou nickte zustimmend zu diesen Erkenntnissen.
„Nur eines habt ihr noch vergessen“, sagte er dann. „Formen sind außerdem Lesebücher für den Kampf. Aber darum werden wir uns kümmern, wenn ihr die Taolu selbst sicher beherrscht.“

Wie ist es in Eurer Schule? Habt Ihr schon die Anwendungen Eurer Formen trainiert?

Ratet mal, wie oft Lena und Matteo ihre Formen geübt haben.

Antwort: sie übten ihre Taolu jeden Tag.

„Wirklich jeden Tag?“, fragte einer der Jungen nach.

Matteo nickte: „Nur durch viel Üben werden unsere Techniken richtig, fließend, sicher und schnell.“

„Wie beim Gedicht oder Vokabeln lernen auch“, flüsterte Lena.

„Wo?“, wollte eines der Kinder wissen.

„Im Wohnzimmer und im Garten“, antwortete die Fortgeschrittene.

„Im Flur unserer Wohnung“, verriet Matteo. „Und manchmal hinter dem Haus oder auf einem Feldweg.“

Dabei zwinkerte er.

„Jeden Tag“, stöhnte ein Mädchen.

„Jeden Tag“, brummte Shifu Ou bekräftigend. „Unsere Körper lernen besser durch viele Wiederholungen. Dann hat man die Techniken parat, wenn man sie braucht. Und jetzt:

Aufstellung! In zwei Reihen! Matteo, du führst die erste Reihe an.
Lena, du gehst an die Spitze der zweiten Reihe. Und los!
Die erste Form!“

Und dieses Mal trainierten alle Kinder ihre Bewegungen so gut sie nur konnten.

Ob es daran lag, dass Lena und Matteo mitten unter ihnen trainierten?

Auf dem Weg in die Umkleidekabine begannen drei der Jungs zu diskutieren:

„Welche der Formen fandest du besser? Nanquan oder Changquan.“

„Changquan ist doch viel besser.“

„Nein, mit Nanquan kannst du viel mehr Gegner platt machen.“

„Meinst du?“, fragte Matteo in dem Augenblick, als er die Umkleide betrat.

Die Jungs nickten, wenn sie sich auch nicht mehr ganz so sicher waren.

„Soll ich euch ein Geheimnis verraten?“

Die Jungs lächelten begeistert.

„Changquan war nicht besser, und Nanquan ist auch nicht die bessere Form. Es gibt nicht 'die Beste'. Jede Form hat wie jede Kampfkunstart ihre Vorteile, aber auch ihre Schwächen. Es gibt nur gute Kämpfer. Wer öfter übt, wird auch schneller besser.“

Shifu Ou hörte das auf dem Weg zu seinem Tee und nickte weise. Heute jedenfalls war er mit seinen Schülerinnen und Schülern sehr zufrieden.

Hintergrund & Geschichte :

Shifu Ou gibt es wirklich. Er lehrte in Bonn Cai Li Fo-Stil.
Vorher trainierte er in China die Polizeianwärter.

KungFu: harte Arbeit, sorgfältiges Lernen und die Geschicklichkeit üben

功夫

WuShu: Kriegskunst

武術

KangXi und XiaoFei

Venjin He

Der Winter in Peking war kalt und weiß. Selbst der gewaltige Kaiserliche Palast war vor der Kälte nicht sicher. Er konnte Armeen widerstehen und Rebellionen abwehren, aber der Schnee lag dick auf den roten Dächern und den offenen Flächen. Er bedeckte das Labyrinth der Straßen und Gärten, selbst die prachtvollen Seen lagen unter festem Eis.

Ein wenig Trost spendete das warme Licht der tausend roten Laternen, die in den Gebäuden des monumentalen Palastes brannten. Kalt war er dennoch, der Kaiserpalast, das Regierungszentrum der Qing-Dynastie, deren Reich wir heute als China kennen.

Es war keine leichte Aufgabe, Kaiser dieses gewaltigen Imperiums zu sein. Vor allem dann nicht, wenn man erst sieben Jahre alt war.
Der kleine KangXi saß Tag für Tag und Woche für Woche in den gewaltigen kaiserlichen Bibliotheken, umgeben von hochrangigen Gelehrten und Generälen.

Sie sollten ihm alles beibringen, was er wissen musste, um den Kaiserhof mit seinen Tausenden von Adligen und Beamten zu leiten – und ein Land von fünfzehn Millionen Quadratkilometern zu regieren.

Das war sehr viel Druck auf den Schultern eines kleinen Jungen. Und außerdem war es unglaublich langweilig.

Jeden Tag fragte KangXi sich, wieso sein Vater den Thron aufgegeben hatte und buddhistischer Mönch geworden war. Das war nicht nett, denn sein kleiner Sohn und dessen junge Mutter mussten jetzt ein Land regieren, das sie noch niemals gesehen hatten – lag es doch jenseits der dicken Mauern des Kaiserlichen Palastes.

In jedem Jahr wurden Jungen und Mädchen aus allen Provinzen nach Peking geschickt, um dort für die Kaiserfamilie zu arbeiten. Viele von ihnen waren noch sehr jung, manche erst sechs Jahre alt, und die meisten stammten aus sehr armen Familien. Sie mussten hart arbeiten, aber dafür bekamen sie die Chance auf Geld und andere Belohnungen, die sie nach Hause zu ihren Familien schicken konnten. Manche von ihnen schafften es sogar, einen Titel am Hof zu erwerben, wenn sie älter wurden.

XiaoFei war das fünfzehnte Kind seiner Eltern. Er war gerade sieben geworden. Seine Eltern konnten es sich nicht leisten, alle ihre Kinder zu einem Lehrer oder einem Kampfkunstmeister zu schicken, damit sie eine Ausbildung erhielten.

„Keine Sorge, XiaoFei“, sagte seine Mutter stets. „Wir werden einen Weg finden. Deswegen haben wir dich Fei genannt. Es bedeutet Fliegen, und das wirst du tun: Davonfliegen zu einem Ort, an dem du glücklich und erfolgreich sein wirst.“
Jede Nacht auf seiner langen Reise nach Peking träumte er von seiner Mutter.

KangXi verbrachte den ganzen Tag im Thronsaal mit Regierungsgeschäften. Oder zumindest tat er so, denn er verstand leider nicht einmal die Hälfte von all den langen Namen und großartigen Begriffe, die die Beamten benutzten. Er saß auf dem Kaiserthron, die Füße baumelten in der Luft, und kritzelte Drachen auf ein Blatt Papier.

„Malst du wieder auf wichtigen Unterlagen?“ fragte seine Mutter, die Kaiserin, plötzlich.

„Mutter!“ entgegnete KangXi erschrocken. „Schleichst du immer so leise in den Raum?“

„Eine Kaiserin bewegt sich immer leicht und elegant wie ein Phoenix“, antwortete sie lächelnd. „Ich wollte dir nur sagen, dass eine Gruppe neuer Diener für deine Privatgemächer eingetroffen sind.“

„Oh nein“, erwiderte er. „Noch ein paar Langweiler, die mir erklären, wie ich meine Provinzen zu führen habe?“

Am nächsten Morgen machte der Kaiser einen Spaziergang im Garten seiner privaten Gemächer.

Zumindest nannten die Bediensteten des Hofes seine Ausflüge so. In Wirklichkeit war er auf der Suche nach etwas, womit er spielen konnte, aber als der Herrscher des Staates durfte er natürlich niemals spielen. Er ging stets „spazieren“.

„Autsch!“ Eine Kastanie traf den Kopf des Kaisers. Jemand musste sie geworfen haben.
Wer wagte es, eine Kastanie nach dem Kaiser zu werfen?
Das war Hochverrat!

„Hehe.“ Freches Gelächter. „Entschuldigung, das war ein Unfall.“

Ein kleiner Dienerjunge trat aus einem Gebüsch. Er musste ungefähr in KangXis Alter sein.

Der junge Kaiser war nicht daran gewöhnt, behandelt zu werden, als sei er noch ein Kind. Aber es gefiel ihm.

„Gut für dich, dass du nur mich getroffen hast, und nicht den Kaiser!" sagte er. „Der geht hier oft spazieren, und für Angriffe auf Seine Majestät gibt es hohe Strafen." Sein Interesse war geweckt: „Bist du von draußen?"

„Oh ja. Ich bin gerade angekommen, um dem Kaiser zu dienen. Meine Mutter sagte mir, falls ich viel Glück habe, bekomme ich vielleicht sogar eine Ausbildung hier im Palast."

„Was würdest du gerne lernen?" fragte KangXi.

„Das weiß ich nicht genau. Kampfkunst vielleicht. Ich habe viele Weisheiten von meiner Mutter gelernt, jetzt brauche ich also eher Kenntnisse, mich selbst zu schützen."

„Ich kann dich unterrichten", meinte KangXi. „Ich habe dem Kaiser beim Üben zugeschaut und erinnere mich recht gut, auch an die Details. Im Gegenzug kannst du mir Geschichten über die Außenwelt erzählen und auch von der Weisheit deiner Mutter."

Der Dienerjunge nickte begeistert. „Das klingt gut."

„Wie heißt du?" fragte KangXi und ließ sich schnell einen Namen für sich selbst einfallen: „Ich bin XiaoHuang."
Weil er niemals gelernt hatte, zu lesen oder zu schreiben, und weil die chinesische Sprache ohne Schrift oft schwer zu verstehen ist, wusste der Junge nicht, dass XiaoHuang „kleiner Kaiser" bedeutete.

„Ich heiße XiaoFei", sagte er. „Xiao für klein und Fei für Fliegen. Meine Mutter sagt ich kann so hoch und weit fliegen, dass ich eines Tages irgendwo landen kann, wo ich glücklich bin."

„Was lernen wir heute, XiaoHuang?“ fragte der kleine Diener den kleinen Kaiser.

Die beiden Jungen trafen sich mittlerweile fast jeden Nachmittag, und immer heimlich.

„Ich werde dir ‘quan’ beibringen, eine Sammlung von verschiedenen Fausttechniken. Schau mir zu und mach es dann nach.“

XiaoFei lernte sehr schnell. Während er Kung-Fu lernte, erzählte er Geschichten von der Außenwelt; die guten Dinge ebenso wie die schlimmen Sachen, von denen er gehört und die er erlebt hatte. Von Zeit zu Zeit erzählte er, was seine Mutter ihm und seinen vierzehn Geschwistern beigebracht hatte.

„Einmal hatte ich einen großen Streit mit meinen Brüdern und Schwestern. Meine Mutter zeigte uns dann, wie einfach es ist, einen einzelnen Stock zu zerbrechen – und wie unmöglich es ist, ein Bündel aus fünfzehn Stöcken zu zerkleinern. Mit bloßen Händen, natürlich. Wie auch immer, sie brachte uns bei, wie wichtig Gemeinschaft sein kann.“

„Einigkeit ist wichtig“, stimmte KangXi zu. Und bei sich dachte er: ‘Das gilt genauso für mein Volk und meine Provinzen.’

Laut sagte er: „Gut. Genug mit den bloßen Händen. Jetzt üben wir den Langstock. Das haben sie dem Kaiser letzte Woche beigebracht. Es ist eine Technik des Klans der Bettler, die sie entwickelt haben, um mit ihren Stöcken um das kleine bisschen zu kämpfen, das ihnen geblieben ist.“

KangXi zeigte XiaoFei die Techniken und sah dann zu, wie sein neuer Freund sie wiederholte. Hin und wieder korrigierte er ihn, aber eigentlich war er sehr beeindruckt von dem Jungen aus der Außenwelt.

Als sie eine kleine Pause vom Kungfu-Training machten, erzählte XiaoFei eine weitere Geschichte.

„Einmal gingen wir in die Berge, um Heilkräuter zu sammeln. Damit wollte wir eine traditionelle chinesische Medizin für meine kranke Schwester kochen. Meine Mutter und ich kletterten und kletterten, und der Berg schien kein Ende zu nehmen. Als wir auf der Spitze des Berges ankamen, wo der tausendjährige Lotus wächst, fragte ich meine Mutter: 'Warum ist die Bergspitze so viel kleiner als der Rest des Berges, auf dem sie ruht?'

Meine Mutter antwortete: 'Die Spitze ist ganz hoch oben und sehr schwer zu erreichen. Manchmal gibt es dort echte Schätze. Aber es ist mindestens genauso wichtig, dass ein Berg einen starken Fuß hat; ganz egal, wie weit unten der sein mag, und mit wieviel Unkraut er bewachsen ist. Am Fuß des Berges startet der Weg nach oben, und die Spitze des Berges muss so schmal sein, damit der Rest des Berges sie tragen kann.'“

Das gab dem jungen Kaiser zu denken. 'Ganz genauso kann nur eine kleine Gruppe von Menschen ein Land regieren, aber nur mit der Zustimmung und der Unterstützung des Volkes', dachte er.

Laut sagte er: „Als nächstes üben wir Shaolin Kung-Fu. Ich kann dir nicht die gesamte Form der Achtzehn Mönche auf einmal zeigen, aber wir können Teile davon üben.“

XiaoFei sah auch diesmal aufmerksam zu, dann übte er konzentriert, was er verstanden hatte. Ihm gefiel die Form. Er nahm sich vor, XiaoHuang später nach mehr Shaolin Kung-Fu zu fragen.

Bevor er zu seinen Pflichten zurückkehren musste, erzählte er eine letzte Geschichte:
„Als wir von dem Berg wieder herunterkamen, hielt ich an einer Klippe an, von der aus man die Täler und Berge in der Umgebung sehen kann. Ich sagte zu meiner Mutter: ‘Schau Dir diese gewaltigen Berge an! Und ich dachte, dass wir gerade auf den höchsten Berg im ganzen Reich der Qing geklettert sind!’

Meine Mutter erklärte mir: ‘Die Welt ist voller Berge, und jeder ist immer höher als der nächste. Das ist gut, denn es lehrt uns, dass wir niemals alleine sind. Irgendjemand wird immer deines Weges kommen und größer sein als du selbst, wenn du dich nicht in Bescheidenheit übst.’“

Auch diese Weisheit bewegte den jungen Kaiser: ‘Selbst wenn ich heute der Kaiser bin, so kann ich doch morgen ein mittelloser Flüchtling sein. Viele meiner Vorfahren haben ihren Thron unter seltsamen Umständen verloren. Man muss wissen, dass die Welt ist voller Dinge, die einen überwältigen können, wenn man nicht bescheiden und aufmerksam bleibt. Sogar – und vielleicht ganz besonders – als ein Kaiser.’

Und so trafen sich die beiden Jungen jeden Tag, Jahr um Jahr … und schließlich erkannte XiaoFei, dass XiaoHuang in Wirklichkeit nicht irgendein kleiner Junge war, sondern KangXi, der mächtige Kaiser des Qing-Reiches.

(Er lernte auch zu lesen und zu schreiben und lachte über den versteckten Witz in dem falschen Namen, den der Kaiser ihm genannt hatte.)

Die beiden Jungen blieben enge Freunde, und XiaoFei wurde ein wichtiger Berater am Hof des Kaisers, der das Reich der Qing länger regierte als jeder andere Kaiser in der chinesischen Geschichte.

Traurigerweise aber fand er niemals heraus, warum sein Vater einst den Thron aufgegeben hatte.

Fragen:

Für viele Leute ist es ein Traum, König oder Kaiser eines Landes zu sein. Für KangXi scheint es vor allem aufreibende, quälende Pflicht zu sein – und sein Vater ist sogar davor davongelaufen. Was denkst Du, warum das so ist? Ein Kaiser hat doch große Macht, wieso kann der nicht einfach tun, was er will?

XiaoFei ist erst sieben Jahre alt, und doch muss er seine Familie verlassen, um am Kaiserhof als Diener zu arbeiten. Er kann nicht einmal lesen, und in der Schule war er auch niemals. Kannst Du Dir vorstellen, so zu leben?

Der junge Kaiser hat viele Berater, die studiert haben und eine lange Karriere am Hof hinter sich haben. Dennoch lernt er mehr von einem kleinen Bauernjungen als von diesen Männern.
Wie kann das sein? Ist es möglich, dass Kinder manchmal mehr wissen als Erwachsene?

Hintergrund & Geschichte:

Kangxi (chinesisch 康熙) wurde 1654 in Peking geboren und starb 1722 im Alten Sommerpalast. Er war der zweite chinesische Kaiser der Qing-Dynastie und ging als bedeutender Herrscher in die Geschichte ein. Dass er schon als Kind die Herrschaft übernahm, stimmt – und auch, dass er von Beratern umgeben war, die ihn gängelten und belehrten, ist tatsächlich so gewesen.

XiaoFei ist eine erfundene Figur. Er basiert auf dem in China sehr bekannten Roman *Lu Ding Ji* (鹿鼎記) – in etwa „Der Herzog des Hirschbergs" von Jing Yon (in Hong Kong: Louis Cha).
Die Hauptperson dieses Romans heißt Wei Xiaobao („kleiner Schatz") und ist ein cleverer, manchmal sogar verschlagener Antiheld, der im Laufe seines Lebens dem Kaiser KangXi begegnet und zu seinem Freund wird.

小皇 *XiaoHuang*
康熙 *KangXi*
小飛 *XiaoFei*

In der chinesischen Kaiserzeit gab es strikte Kleiderregeln.
Die Farbe Gelb war strikt dem Kaiser vorbehalten, niemand anderes durfte sie tragen. Missachtung dieser Regel wurde streng bestraft. Auf dem Bild kannst Du sehen, dass nur einer der beiden Jungen gelb trägt.

Das Drachenmädchen

Sascha Wagener

Die Prüfung

Nia fiel mit ihrem frisch gewaschenen Kleid auf den schlammigen Boden. Ihr Bruder Xin hatte sie geschubst, und sie stolperte über eine der am Boden liegenden Bambusstangen. Er wollte nicht, dass sie hinfiel, aber nun konnte er vor seinen Freunden keine Schwäche zeigen.

„Mädchen dürfen halt nicht bei unseren Kampfübungen mitmachen! So ist das eben!“, sagte er stur, nachdem sie auf dem Boden gelandet war.

Seit Nias Bruder und seine Freunde in der Dorfschule ein paar Kampfbewegungen lernen durften, waren sie noch unausstehlicher geworden. Es gab keine anderen Mädchen in ihrem Alter in dem kleinen Dorf, und so versuchte sie öfter bei den Jungs zu sein.
Vor allem wegen Shao, der schon immer der tollste Junge gewesen war, den sie je gesehen hatte. Er war nie gemein zu ihr, aber er verhinderte auch nicht, dass ihr Bruder Xin und der grobe Wang sie immer wegscheuchen wollten.

„Mädchen gehören nicht in die Schule“, sagte jeder im Dorf, und so verbrachte sie den Vormittag im Haus ihrer Eltern und half im Haushalt. Wenn sie ein paar freie Stunden hatte, suchte sie trotzdem die Nähe der Jungs, um sich nicht zu langweilen. Manchmal ließen sie sie gewähren, doch seitdem sie das Kämpfen lernten und sich auch nach der Schule noch rauften oder mit langen Bambusstangen duellierten, durfte sie nicht mehr mitspielen.

Doch heute waren sie zu weit gegangen, dachte Nia. Sie lag im Schlamm und schaute ungläubig nach oben. Ihr Bruder sah sie trotzig an, während Shao und ein paar andere betreten zu ihr hinabsahen. Sie wollte nicht weinen vor den Jungs. So schnell sie konnte, rannte sie auf dem östlichen Weg aus dem Dorf heraus.

Zornig und traurig entschied sie, etwas zu tun, was sie schon lange wollte, sich aber nie getraut hatte. Sie rannte zu dem alten Tempel, der im Wald in der Nähe des Dorfes lag. Niemand ging dort hin. Alle im Dorf glaubten, dort würde es spuken, und so mied jeder den Tempel. Sie wusste, dass auch die Jungs große Angst davor hatten. Denen würde sie es zeigen!

Der Trotz verlieh ihr Mut, und so ging sie auf das alte Holztor zu. Rechts und links standen große steinerne Löwenstatuen. Ranken und Moos wucherten auf ihnen, da den Tempel seit vielen Jahren niemand mehr pflegte. Nia wurde etwas mulmig zumute, doch dann dachte sie an ihren Sturz auf den Boden. Ihre Neugier gewann, jetzt gab es kein Zurück mehr.

Mit lautem Knarren öffnete sie das Tempeltor. Unzählige Spinnweben hingen im Rahmen des alten Tores, und blieben nun in ihrem Gesicht und ihren Haaren hängen. Sie wischte sie beiseite und trat in den Innenhof des Tempels. Der Steinboden war aufgebrochen. In den Löchern wuchsen Pflanzen, ebenso auf den vielen kleinen Gebäude des Tempels, von denen viele verfallen waren. Nur die Haupthalle in der Mitte des Geländes war noch einigermaßen erhalten geblieben.

Nia bewegte sich vorsichtig auf dem alten Steinboden und schaute sich langsam um. Die Sonne schien durch die Bäume des umliegenden Waldes. Der Tempel war ein gruseliger Ort, mit all den Spinnweben und leeren Gebäuden. Alles war still, nur aus dem Wald jenseits der Tempelmauer kamen leise Geräusche. Ihre eigenen Bewegungen hingegen hallten laut durch die alten Gemäuer, und sie erschrak fürchterlich, als sie aus Versehen ein altes Holzfenster aufstieß.

Und doch gefiel es Nia hier. Sie war ganz allein, und konnte etwas entdecken, was sonst niemand wagte.

Nach einer Weile vergaß sie die Jungs und alles andere, setzte sich auf den Boden und untersuchte alte Gegenstände, die sie auf den Steinplatten gefunden hatte.

Unbemerkt brach der Abend an. Die Sonne verschwand langsam hinter den Bäumen und der Tempelmauer. Kühler Wind blies durch den Tempel, und mit dem Wind ein plötzliches Kreischen. Es kam so plötzlich, dass es Nia durch Mark und Bein schoss. Sie fuhr auf, zu Tode erschrocken, und rannte so schnell sie konnte aus dem Tempel. Noch weit entfernt hörte sie das gruselige Kreischen und ein Klingen wie von geisterhaften Schwertern.

Sie rannte durch den Wald zum Dorf, zurück nach Hause. Keinen Gedanken hatte sie an die Uhrzeit verschwendet, erst jetzt, tief im Wald, sah sie, dass die Sonne bereits untergegangen war. Sie würde zu spät kommen und Ärger kriegen.

Am nächsten Tag musste Nia den Vormittag über das Holz in die Werkstatt tragen, das ihr Vater draußen in kleinere Stücke hackte. Er war der Töpfer des Dorfes, und so brauchte er viel Holz für seinen Ofen. Sie mochte die Arbeit mit ihrem Vater, und liebte es besonders, wenn sie gemeinsam Becher und Töpfe aus Ton herstellten.

Doch heute war sie mit ihren Gedanken noch ganz beim gestrigen Tag. Sie hatte beschlossen, nach der Arbeit wieder in den Tempel zu schleichen. Der Gedanke daran ließ sie nicht mehr los, trotz der unheimlichen Erlebnisse dort – oder gerade deswegen?

Als sie im Tempel ankam, schaute sie sich ängstlich um. Alles erschien wieder genauso friedlich wie in dem Moment, in dem sie ihn gestern betreten hatte. Sie entschied, ein wenig aufzuräumen, und machte sich so an die Arbeit, zunächst einmal die vielen Holzbalken wegzuräumen, die überall auf dem Boden herumlagen.

Sie schuftete schwer, doch hatte sie das Gefühl, etwas Gutes zu tun. Dies war nur für sie und den alten ehrwürdigen Tempel. Keiner der Jungs konnte ihr das verbieten oder sie verjagen.

Diesmal passte sie allerdings besser auf die Zeit auf, und sobald die Sonne tiefer stand, machte sie sich auf, nach Hause zu kommen.

Am dritten Tag arbeitete sie fleißig weiter. Sie schleppte Holzbalken und Steine auf einen großen Haufen neben der Tempelmauer.
Sie suchte alte Gegenstände zusammen, die noch nicht kaputt waren, und brachte sie in das Hauptgebäude, damit sie unter dem Dach in Sicherheit waren. Dabei fiel ihr zum ersten Mal auf, dass das Hauptgebäude fast aufgeräumt erschien. Es bestand fast ausschließlich aus altem Holz, das früher einmal rot angepinselt worden war, von dem nun aber überall die Farbe abblätterte.
Der Boden und ein paar Säulen in dem großen Raum waren aus Stein gehauen. Nirgendwo lag etwas herum, der Boden war wie gefegt.

An der hinteren Seite des Raums stand ein großer Altar aus Holz. In sein Holz waren zahlreiche Drachen geschnitzt. An den Säulen, die rechts und links vom Altar standen, hingen große Schriftrollen aus sehr altem Seidenpapier.

Es war vergilbt und teilweise zerrissen, und man konnte fast nichts mehr erkennen. Doch Nia wusste, dort stand das Zeichen für „Drache“ in eleganter Schrift auf das Seidenpapier geschrieben.

Am vierten Tag nahm Nia ganz klammheimlich einen Besen aus der Werkstatt ihres Vaters mit. Es war Markttag, da würde ihr Vater seine Waren auf dem Dorfplatz anbieten, und hätte keine Zeit, die Werkstatt auszufegen. Sie rannte mit dem Besen durch das Dorf und hoffte, niemanden zu treffen.
Als sie durch den Wald zum Tempel kam, machte sie sich an die Arbeit und fegte den ganzen Innenhof des Tempels aus. Obwohl die Steinplatten zerbrochen waren: So sah es wieder wunderbar aus, dachte Nia.

Als sich der Abend ankündigte, beeilte sie sich, nach Hause zu kommen und den Besen zurück in die Werkstatt zu stellen. Doch kurz vor der Töpferwerkstatt kam ihr Bruder Xin um die Ecke.

„Nia, was machst du nur?!“, fragte er.

Nia erschrak fürchterlich, weil er sie so überrascht hatte, und weil sie noch immer den Besen in der Hand hielt.

„Ähmm … nichts“, konnte sie nur herausbringen.

„Du bist gar nicht mehr auf der Wiese an der Schule gewesen, Nia. Bist du … “ – er zögerte etwas und schaute in die Luft – „ … bist du sehr böse auf mich?“

Nia fiel ein Stein vom Herzen. Xin hatte den Besen gar nicht bemerkt. Er machte sich ernsthaft Sorgen.

„Nein, nein … “, antwortete sie.

„Du darfst ja gerne bei uns sein, Nia. Es ist eben nur so, dass Mädchen und Jungs unterschiedlich sind“, versuchte er zu erklären. „Mädchen dürfen halt nicht kämpfen, das weißt du doch.“

Nia nahm es ihm an diesem Abend nicht übel, er hatte sich auf seine Art und Weise entschuldigt. Das freute sie sehr.

Am fünften Tag nahm sie einen großen Pinsel und Tusche aus dem Haus mit. Auch wenn sie nicht in die Dorfschule gehen durfte, hatte ihr Vater ihr bei der Arbeit in der Werkstatt oft Schriftzeichen erklärt, und sie hatte sie sich alle gemerkt. Außerdem durfte sie manchmal Kisten mit Pinsel und Tusche mit dem Namen ihres Vaters beschriften. In den Kisten brachte er seine Töpferware dann alle paar Wochen auf den großen Markt in der nächsten Stadt.

Im Tempel machte Nia sich daran, die alten Schriftrollen mit frischer Tusche nachzuzeichnen. Sie hängte sie vorsichtig ab, legte sie auf den Steinboden und gab sich große Mühe, die elegant geschriebenen Zeichen auf dem alten Seidenpapier genauso nachzuzeichnen, wie sie waren. Dann hängte sie die Rollen wieder neben den Altar.

Es gab noch sehr viel zu tun, doch für den Moment war sie zufrieden mit dem, was sie geschafft hatte. Sie setzte sich vor den Altar und genoss die friedliche Stimmung im Tempel. Raben krächzten in den Bäumen des Waldes und Schmetterlinge flogen durch die vielen offenen Fenster ein und aus.

„Du scheinst so weit zu sein, dass wir anfangen können“, erklang eine sanfte Stimme hinter ihr. Erschrocken drehte sie sich um. Direkt hinter ihr stand ein alter Mann. Er trug die Kleidung eines Wanderers mit einem schwarzen Hut aus Stoff auf seinem Kopf.

„Ich habe dich die letzten Tage beobachtet, mein Mädchen. Du hast Mut und Verstand; und du hast den alten Tempel mit Respekt behandelt. Nicht alle Menschen tun das. Daher denke ich, wir können morgen mit dem Training anfangen“, sagte er mit einem freundlichen Lächeln.

Nia war misstrauisch – sie kannte ihn nicht, und er hatte schon zugegeben, dass er sie beobachtet hatte. Fremde, die einen heimlich beobachteten, konnten gefährlich sein.

Doch der alte Mann strahlte große Ausgeglichenheit und Freundlichkeit aus, und er wirkte nicht bedrohlich. Sie beschloss, ihm für den Moment zu vertrauen. „Training“ hatte er gesagt – das klang vielversprechend …

Das Training

Nia wachte am nächsten Morgen auf und war unglaublich aufgeregt. Sie half ihrer Mutter bei der Arbeit und dachte dabei die ganze Zeit an den gestrigen Tag zurück. Der alte Wanderer hatte ihr gesagt, er wäre der Hüter des Tempels geworden, als er ihn auf seinen Reisen vor ein paar Jahren entdeckt hatte. Er lebte dort verborgen vor den Menschen des Dorfes. Und genau mit dieser Geheimhaltung wollte er sie nun auch trainieren. Daher durfte sie niemandem erzählen, was sie tat, und musste immer im Verborgenen zum Tempel kommen.

Direkt nach der Arbeit rannte sie durchs Dorf und hinein in den Wald. Am Tempel angekommen sah sie zunächst niemanden. Sie näherte sich vorsichtig dem Hauptgebäude, und sah dort den alten Wanderer,
wie er geschmeidig eine Art Tanz übte. Ganz langsame Bewegungen, wie Nia sie zuvor schon einmal vom Dorfarzt gesehen hatte.
Er brachte sie den Kranken bei, um ihr Gesundwerden zu unterstützen. Doch so geschmeidig wie sich der alte Wanderer bewegte, waren weder der Arzt noch seine Patienten.

Er bemerkte sie und unterbrach seine Übungen mit einem Lächeln.

„Bevor wir anfangen zu kämpfen, bringen wir unsere Energie ins Gleichgewicht“, erklärte er. Und so stolperte sie an diesem Tag zum ersten Mal den Bewegungen des Meisters hinterher.

Danach zeigte er ihr die ersten Grundtechniken, starke lange Bewegungen, die sie auf Anhieb mochte. Sie sahen den Bewegungen sehr ähnlich, die die Jungs in der Schule lernten, und sie war froh, mit ihnen gleichziehen zu können.

In den nächsten Wochen kam Nia fast jeden Tag zum Tempel und verbrachte viele Stunden mit dem alten Meister. An einigen Tagen ging sie wie früher zu den Jungs und schaute ihnen vom Rand des Geschehens aus zu. Das hatten sie und der Meister sich zusammen überlegt, damit niemand sie an den Nachmittagen zu lange vermissen würde.

Weiterhin bekam sie gehässige Kommentare von ihrem Bruder und dem Raufbold Wang. Doch je mehr Wochen Wochen vergingen, desto häufiger musste sie schmunzeln, wenn sie die Jungs beobachtete. Sie bewegten sich sehr plump, fand sie. Sie übten fast nie, sondern rauften sich eigentlich die ganze Zeit, und wollten einander beweisen, wer der Stärkere war. Nia hingegen übte fleißig mehrere Stunden am Tag.

Sie verbesserte sich rasant, und durch das abwechslungsreiche Training des Meisters wurde sie viel schneller, gewandter und stärker, als sie früher je gewesen war. Er zeigte ihr nicht nur die Grundtechniken, sondern auch die alten geheimen Methoden seiner Kampfkunst und wie sie flexibel damit kämpfen konnte.

Eines Tages, als Nia sich durch einen Parcours aus Sandsäcken kämpfen musste, tauchte ein Besucher auf. Nia war ganz vertieft in ihre Übung. Sie musste sich schnell von einem zum anderen Sandsack bewegen, die der Meister an einem Balken aufgehängt hatte, und jeden davon mit einer Technik treffen. Plötzlich schlug einer der Sandsäcke auf sie zurück. Sie wurde drei Meter weit weggeworfen und landete unsanft auf dem Boden. Dann erst bemerkte sie, dass ein Fremder vor ihr stand – den Sandsack noch in der Hand – und sie anlächelte.

Der Meister kam langsamen Schrittes herüber.

„Darf ich dir Meister Lao vorstellen? Er ist ein echter Tiger. Stark und schnell!"

Meister Lao verbeugte sich freundlich, dann sagte er: „Du bist gut, aber nimm dich immer in Acht vor starken Gegnern. Sie kommen mit großer Kraft, die dich überraschen wird, wenn du nicht vorbereitet bist.

Du wirst immer die Schwächere sein, mit Kraft kannst du nicht konkurrieren. Aber das ist nicht schlimm. Sei nur schneller und präziser als die anderen!"

Den Rest des Nachmittags übte sie mit Meister Lao, der sie mit all seiner Kraft immer und immer wieder angriff. Sie musste schnell ausweichen, und ebenso schnell und präzise kontern.

So wie Meister Lao kamen in den folgenden Monaten und Jahren immer wieder alte Bekannte des Meisters in den Tempel. Sie zeigten Nia Teile ihrer Kunst und trainierten mit ihr zusammen. So lernte sie viele Stile kennen, lernte mit vielen Waffen umzugehen, und sich gegen viele unterschiedliche Gegner zu wehren.

„Wenn du fleißig bist und viel übst, dann wirst du gut in deinen Grundlagen. Und wenn du gut bist in deinen Grundlagen, dann kannst du schauen, was andere können. Einige Meister beherrschen eine ausgezeichnete Kunst, warum solltest du also nichts von ihnen lernen? Du lernst von mir die Kunst des Drachens, doch der Drache sollte die Welt kennen", sagte der alte Meister nach dem Besuch eines seiner Freunde.

Die Zeit verging und Nia wurde älter. Als sie siebzehn wurde, war sie unbemerkt von ihrer Familie und den Menschen im Dorf zu einer ausgezeichneten Kämpferin geworden. Sie beherrschte die Kunst des waffenlosen Kampfes und konnte sehr gut mit dem Stock und dem Schwert umgehen. Noch immer schlich sie fast jeden Tag in den Tempel.

Meistens trainierte sie hart unter den Anweisungen des Meisters. Manchmal saßen sie auch nur und meditierten oder redeten miteinander. Und manchmal brachte Nia etwas Gemüse oder Kräuter mit, die der Meister für sein Abendessen verwendete. Er war ein ausgezeichneter Koch und hatte sich hinten im Tempel einen Gemüsegarten eingerichtet. Doch dort wuchs nicht alles, und so freute er sich stets, wenn Nia Lotuswurzel oder Auberginen mitbrachte.

Natürlich hatten die Dorfbewohner mitbekommen, dass Nia sich immer dass sie in den alten Tempel ging. Doch unter den Älteren des Dorfes gwegschlich und durch die Wälder streifte. Manche vermuteten auch, alt sie als seltsames Mädchen, das in ihrer eigenen Welt lebt. Und so ließ man sie gewähren. Einmal kamen ein paar Neugierige zum Tempel, die ihr gefolgt waren.

Doch der Meister benutze seine schaurige Flöte und schlug Schwerter gegeneinander. Diese Geräusche hatte auch Nia am ersten Abend im Tempel gehört. Und bei diesen Besuchern bewirkten sie wieder genau das, was sie sollten, und schlugen die Neugierigen in die Flucht.

Ihr Verhältnis zu den Jungs hatte sich von ihr aus nicht geändert. Doch die Jungs ärgerten sie nicht mehr. Sie grüßten sie respektvoll und schienen sich zu freuen, wenn sie bei ihnen sein wollte. Das lag zum einen daran, dass sie selbstsicherer geworden war, und sich von den Jungs nicht mehr einschüchtern ließ. Zum anderen mochte es auch daran liegen, dass sie in den letzten Jahren zu einer schönen jungen Frau geworden war. Die Jungs begannen ihr zu schmeicheln und wollten sie beeindrucken. Für sie war das nur amüsant. Auch mit Shao, den sie als Kind immer angehimmelt hatte, unterhielt sie sich jetzt manchmal. Sie empfand es als sehr angenehm und beide schienen sich zu freuen, wenn sie einander begegneten. Manchmal wünschte sie sich, sie könnte ihn mitnehmen und ihm den Tempel zeigen. Doch für solche Dinge sollte erst mal keine Zeit mehr sein.

Die Tempeldrachen

Eines Morgens traf ein aufgeregter Mann aus dem Nachbardorf weiter den Fluss hinunter auf dem Marktplatz ein. Er war den ganzen Weg gerannt und konnte vor Erschöpfung kaum sprechen.

„Die große Armee des Südens steht kurz vor unserem Dorf!“, rief er. „Sie werden uns alle gefangen nehmen, oder Schlimmeres. Ihr müsst fliehen! Flieht nach Norden!“

Nia war mit ihren Eltern zum Dorfplatz gerannt und hörte die Worte des Nachbarn.

Sie wusste so gut wie nichts von der großen Politik, die sich jenseits des Dorfes, und jenseits ihrer Nachbardörfer ereignete. Auch die Älteren des Dorfes hatten bis jetzt ein friedliches Leben geführt und sich nicht um die Belange der großen Welt gekümmert. Man sprach nur davon, dass die große Armee des Südens ihre Ländereien schon lange übernehmen wollte. Und das Gerücht machte die Runde, dass man mit ihnen nicht verhandeln konnte.

Die Menschen des Dorfes beschlossen, gemeinsam zu fliehen.
Und so begann eine aufgeregte Geschäftigkeit. Jeder sollte bis zum Abend das Nötigste zusammenpacken und sich und seine Familie reisefertig machen.

Nia stand fassungslos zwischen ihren Eltern. Alle umarmten sich besorgt und liefen zurück zum Haus. Doch Nia musste zum Tempel – sie musste den Meister warnen.

„So, so … es ist also so weit“, sagte der Alte nachdenklich.

„Meister, was sollen wir tun?“, fragte Nia ängstlich.

„Nichts können wir tun, Nia. Ihr müsst fliehen! Wir können nicht gegen die Armee des Südens kämpfen, sie werden zu Tausenden kommen. Und sie werden euch keine Gnade entgegenbringen, wenn ihr hierbleibt. Ich kenne sie …“

„Aber ihr müsst uns begleiten!“, sagte Nia. „Nein, ich werde diesen Tempel nicht mehr verlassen. Ich war so lange auf Wanderschaft. Nun habe ich meinen Frieden hier gefunden. Vielleicht finden sie den Tempel und vielleicht auch nicht. Das liegt nun in der Hand des Himmels.“

Viele weitere Versuche, ihn umzustimmen, wehrte der alte Meister ab.

Nia begriff, dass sie wirklich Abschied nehmen musste. Der Meister führte sie in den Hauptraum vor den Altar, den sie zusammen in den vergangenen Jahren wieder wunderschön hergerichtet hatten.

„Der Tempel und unsere Zeit hier werden immer in deinem Herzen sein. Nutze alles zum Guten, was ich dir beigebracht habe. Du kannst so viel Schlimmes in der Welt anrichten, wenn du im falschen Moment kämpfst. Doch die Kampfkunst in den richtigen Händen ist ein Werkzeug des Friedens.“

Er verschwand für einen Moment und kam mit einem Bündel, das er an einen Kampfstab geknotet hatte, wieder zurück. Darin hatte er die beiden Schriftrollen verstaut und eine kleine Drachenstatue, die er für den Altar geschnitzt hatte.

„Du bist jetzt der neue Tempel-Drache, Nia! Bewahre, was du hier gelernt hast, und höre nie auf, weiter zu lernen.“

Er gab ihr das Bündel mit dem Kampfstab, und drückte ihr noch das Schwert in die Hand, mit dem sie so oft geübt hatte. Dann verabschiedeten sie sich, und Nia lief traurig und verzweifelt ins Dorf zurück.

Dort bemerkte sie eine große Menschenmasse auf dem Platz bei der Dorfschule. Es wurde laut debattiert. Als sie nah genug herankam, sah sie, dass ihr Bruder, Wang, Shao und fast alle anderen Jungs mit Bambusstangen bewaffnet auf dem Platz standen.

Sie waren fest entschlossen, ihr Dorf zu verteidigen, und stritten lautstark mit ihren Eltern und den Erwachsenen des Dorfes.

Nichts konnte sie von dieser Entscheidung abbringen. Stolz und Trotz spiegelten sich im Gesicht ihres Bruders Xin.

Nia zögerte nicht. Sie streifte das Bündel von ihrem Kampfstab und trat durch die Reihen der besorgten Eltern. Wang stand ihr am nächsten, und er war der Kräftigste der Jungs. Er lehnte auf seinem Bambusstab, und tat so als wäre er ganz gelassen und überzeugt, sie würden das Dorf retten. Sie schlug ihm ganz plötzlich den Stab aus den Händen. Seiner Stütze beraubt fiel er sofort auf den Boden. In einer flüssigen Bewegung schoss Nias Stab zu seinem Gesicht. Er lag nun verblüfft auf dem Boden und starrte auf das Ende des Stockes, der kurz vor seiner Nase stoppte.

Nia machte keine Sekunde Pause und griff die Jungs einen nach dem anderen an. Sie hatten keine Chance, so sehr sie sich auch bemühten.

Einen nach dem anderen fegte sie von den Beinen oder stieß ihnen in den Bauch, so dass sie prustend zu Boden gingen.

„So wollt ihr gegen eine Armee antreten!?“, schrie sie die am Boden Liegenden an.

Sie war aufgeregt und überrascht über ihren eigenen Mut.
Das prahlerische Gehabe der Jungs hatte sie über Jahre begleitet, während von Jahr zu Jahr ihre Fähigkeiten weiter über die der Jungs hinausgewachsen waren. Deren alberner Stolz war Nia nun endgültig zu viel geworden. Sie wollte sie in die Schranken weisen, und die völlig überrumpelten Jungs wussten gar nicht, was ihnen geschah.

„Ihr könnt euch nicht gegen ein einziges Mädchen wehren! Wie wollt ihr gegen Tausende antreten? Oder glaubt ihr, ihr wurdet nur überrascht? Wollt ihr es nochmal versuchen? Glaubt ihr, das würde anders ausgehen?!“

Nia beruhigte sich nur langsam, und die anderen waren wie gebannt.

Die aufgesetzte Selbstsicherheit der Jungs war verschwunden. Keiner sagte etwas. Alle schauten Nia und die Jungs ungläubig an. Sie schwieg und ging einfach nach Hause, ohne der flüsternden Menge eine Erklärung zu geben. Auch die Jungs folgten mit gesenkten Köpfen ihren Familien zurück nach Hause, um schließlich doch ihre Sachen zu packen und die Abreise vorzubereiten.

Am Abend verließen sie das Dorf. Auf Ochsen und Eseln transportierten sie ihr Hab und Gut und trugen zahlreiche Taschen und Säcke mit Vorräten und allem Nötigen für die nächsten Wochen. Es war furchtbar für alle, ihre Heimat zu verlassen. Doch wenigstens waren sie noch alle zusammen, wie Nias Mutter ständig wiederholte.

Sie wanderten die nächsten drei Wochen in den Norden.
Die Landschaft wurde hügeliger und schließlich kamen sie in ein wunderschönes Tal am Rand der Berge. An diesem Platz wollten sie bleiben, niemand wollte weiterziehen. Sie alle waren Bauern und Handwerker – die Wanderschaft gefiel ihnen nicht. Sie wollten ein neues Dorf aufbauen.

Auf der Reise hatten die Leute dann doch aufgeregt angefangen zu fragen, was Nia auf dem Platz getan hatte. Sie erzählte die ganze Geschichte, und dachte immerzu an den alten Meister, der noch immer im Tempel war.

Von diesem Tag an behandelten die Leute des Dorfes sie anders als zuvor. Sie war nicht mehr das seltsame Mädchen, das sich immer von den anderen weggeschlichen hatte. Stattdessen nannten viele Leute sie Meisterin Nia. Sie fragten sie bei wichtigen Entscheidungen um ihren Rat. Und sie half, den Aufbau des neuen Dorfes zu planen.

Die Jungs waren schließlich zu ihr gekommen, um sie zu fragen, ob sie sie unterrichten würde. Das überraschte sie, denn sie hatte noch nie daran gedacht, selbst zu unterrichten.

Doch in den Bergen um das Tal gab es Räuberbanden. Sie hatten dem Dorf schon einen Ochsen und Säcke voll Reis gestohlen.

Nia wusste, dass sie in dieser neuen, rauen Umgebung gute Kämpfer gebrauchen könnten. Doch sie wollte nicht, dass die Jungs sich rauften oder Streit anfingen. Und so begann sie jeden zu unterrichten, wie sie unterrichtet wurde. Jeder Nachmittag am kleinen Bergbach begann mit sanften Bewegungen, die die Energie und Aufmerksamkeit wecken sollten. Daraufhin gab es anstrengende Grundtechniken.

Nicht für alle war diese Art des Trainings etwas. Doch sie hatte erreicht, was sie wollte. Diejenigen, die aufrichtig die Kampfkunst erlernen wollten, blieben. Darunter, zu ihrer Überraschung, auch ihr Bruder Xin, der grobe Wang und Shao.

Sie nannte ihre Gruppe „Die Tempeldrachen“ – in Erinnerung an ihren Meister.

In den folgenden Jahren bauten sie gemeinsam einen neuen kleinen Dorftempel, in dem Nia die Schriftrollen aufhängte und die Drachenstatue aufstellte.

Der Tempel machte sich im Laufe der Jahre einen Namen und es kamen Besucher, andere Meister, und Schüler, die in die Gemeinschaft der Tempeldrachen aufgenommen werden wollten. Sie wurden eingeladen, an anderen Orten zu unterrichten, und so begannen Nia, Shao, Xin und Wang die Welt kennenzulernen.

Fragen:

In dieser Geschichte dürfen nur die Jungs in die Schule, und auch nur die Jungs dürfen kämpfen. Sie achten sorgfältig darauf, dass Nia nicht in ihre Gruppe eindringt, sondern als Mädchen draußen bleibt. Was denkst Du – warum machen die das? Kennst Du solche Situationen auch?

Der Tempel im Wald ist ein unheimlicher Ort, und dennoch geht Nia dort hin. Zunächst aus Trotz und vor lauter Wut, aber dann geht sie wieder hin, obwohl sie sich so furchtbar erschreckt hat. Kannst Du Dir erklären, warum sie das tut? Hast Du schon einmal Ähnliches erlebt?

Nia trifft ihren Lehrer in einem einsamen Tempel tief im Wald.
Im ersten Moment findet sie die Situation gefährlich.
Kannst Du Dir erklären, warum? Was für eine Bedrohung kann von jemandem ausgehen, den man nicht kennt? Ist es eine gute Idee, Geheimnisse vor seinen Eltern zu haben, mit Leuten, die man nie vorher gesehen hat? In Nias Fall ist das gut gegangen, aber was könntest Du tun, damit auch Dir nichts passiieren kann?

Nia trainiert anders als die Jungs in ihrem Dorf, und sie ist viel erfolgreicher. Woran liegt das? Was macht den wichtigsten Unterschied aus?

Die fünf Tiere des Qi Gong

Tanja Ewerhardy

In einem Land, weit, weit weg von hier, vor langer Zeit, lebte einst eine junge Schildkröte mit dem Namen Sanny. Sanny war noch nicht ganz erwachsen und sie interessierte sich noch nicht wirklich für die Schildkröten-Jungs, obwohl einige von ihnen sie schon hin und wieder beim Baden heimlich beobachteten.

Sie lebte an einem Teich, der von samtgrünen Pflanzen umgeben war, jagte nach kleineren Insekten und hatte alle Hände voll zu tun. Viele Tiere des Waldes und des Teichs waren mit ihr befreundet, denn sie war sehr beliebt und bot immer Hilfe an, wenn jemand ein Problem hatte.

Morgens, wenn sie die Sonne aufgehen sah, rot und brennend, überkam sie die Lust am Jagen und Schwimmen, am Spielen und Erzählen mit den anderen Tieren. Dann tollten sie herum, waren albern und ausgelassen.

An anderen Tagen hatte sie selbst so viele Fragen, doch sie traute sich nicht, sie zu stellen. Zuweilen träume sie nachts von fernen Gipfeln, von Tieren, die sie noch nie gesehen hatte, von unbekannten Dingen, von einem Rot, so intensiv, wie die Sonne es noch nicht kannte, und von geheimnisvollen Stimmen von Zauberwesen.
In ihren Träumen stellten die fremden Wesen ihr Fragen, doch sie verstand die Fragen nicht.

Nach solchen Nächten wachte sie morgens mit Kopfschmerzen auf. Sie ahnte, dass es einiges von dem, was sie geträumt hatte, da draußen geben musste. Neuerdings krochen die Träume auch bei Tage in ihr Bewusstsein.

Dann ertappte sie sich, wie sie von fernen Bergen und Meeren träumte und sich fragte, ob der Schildkrötenteich alles in ihrem Leben sein würde, was sie je erleben würde.

Eines Tages hielt sie es nicht mehr aus.

Sie hatte keine Lust mehr, mit den anderen im Teich zu spielen, alles schien ihr bedeutungslos, wenn sie nicht ihrer natürlichen Neugier auf die Welt da draußen nachgehen durfte. Sie wollte wissen, ob es wirklich die weiten Wälder und die fremdartigen Wesen gab und wie die Welt außerhalb der Wiese am Teich beschaffen war.
Sie langweilte sich am Teich.

Geplagt von diesen Fragen ging sie zu Freunden und Verwandten, erklärte ihnen, dass sie auf die Suche gehen wolle.

„Du machst dich unglücklich mein Kind, bleib hier, wo du hingehörst“, sagten ihre Eltern. „Du bist noch viel zu jung für die Welt da draußen“, sagte ihre Tante. Und „Wenn wir dir zu langweilig sind, geh nur!“, erwiderten die Freunde eingeschnappt.

Einige Wochen später verabschiedete sich Sanny. Schweren Herzens nahm sie ihre sieben Sachen und machte sich auf den Weg. Bald kam sie in eine große Stadt. Ein Menschen-Junge fand sie in seinem Garten. Er legte ihr leckere Salatblätter zum Knabbern hin und fragte sie: „Wie heißt du?“

„Sanny ist mein Name.“

„Das ist ein schöner Name. Was bedeutet er?“

Plötzlich durchfuhr Sanny ein Schrecken und es fiel ihr zum ersten Mal in ihrem Leben auf, dass sie nicht wusste, welche Bedeutung ihr Name hatte. Sie verfiel in Panik und strampelte sich frei, lief so schnell sie konnte von dem Jungen weg und versteckte sich unter einem großen Busch. Sie weinte, und wusste nicht warum. Weit weg von ihrem Zuhause, aber noch nicht mal den eigenen Namen verstehen. Sie fühlte sich so fremd.

In ihrer Traurigkeit wusste sie nicht mehr, wer sie war und wohin sie wollte. Zurück wollte sie aber auch nicht mehr.

Als sie so dalag, den Schnabel in ihren Krallen verborgen, kam eine Schlange des Weges. Sie lispelte ein zauberhaftes Lied, welches geheimnisvoll und sehr aufregend klang. Sie schlug mit dem Kopf an den Panzer der zusammengerollten Schildkröte.

„Hoppla, wer bist du denn?“

„Ich weiß es nicht, aber man nennt mich Sanny.“

„So, ich bin Lisbeth, die Schlange. Sanny. Ich habe gesehen, wie du von den Menschen-Kindern weggelaufen bist. Das hast du gut gemacht. Menschen sind oft sehr komisch. Sie locken einen an und dann sperren sie einen in Glaskästen ein, beleuchten einen oder verschenken einen zu ihren Festen. Dann wirst du eine Zeit lang bewundert und gut gefüttert und einige Wochen später setzen sie dich wieder aus.“

„Warum tun die Menschen das?“, fragte Sanny.

„Ich weiß es nicht, mein Schatz“, lispelte die Schlange und schlängelte ihr anderes Ende sachte um Sannys Panzer.
„Die Menschen sagen, es bringe ihnen Glück, oder sie machen jemandem ein Weihnachtsgeschenk oder sie möchten aus dir ein leckeres Weihnachtsessen für ihre Liebsten zubereiten.“

„Oh“, seufzte Sanny. „Was ist Weihnachten?“

„Weihnachten ist ein Fest, das die Menschen glücklich macht.“

„Glücklich?“

„Ja, sie freuen sich.“

„Was ist das - *Glück*?“

„Hm...“ Lisbeth fiel zum ersten Mal nichts mehr ein.

„Glück? Die Menschen sagen, Glück ist ein leckeres Essen, ein Geschenk, ein neues Auto … oder ein Freund. Aber für uns Tiere ist Glück bestimmt etwas ganz anderes. Was sollen wir mit Weihnachtsgeschenken?“

„Glück“, wiederholte Sanny, „Glück klingt toll. Vielleicht ist es genau das, was mir am Teich fehlte. Das will ich ab heute auch suchen.“

Mit den letzten Worten vollendete Lisbeth ihren Kreis um die Schildkröte. Sie hatte sich nun dreimal um Sannys Panzer gewickelt und sah ihr tief in die Augen. Sanny sah die schwarzen dünnen Striche der Schlangenaugen und dämmerte langsam weg. Ihr wurde schwarz vor Augen.

Als Sanny wieder zu sich kam, war Lisbeth verschwunden, Sannys Nacken war steif und schmerzte. Ihr fröstelte, ihre Glieder waren ausgekühlt. Düster war der Himmel. Was war geschehen und was war das – das Wort – das … *Glück*? Sie wusste es nicht und das Brummen ihres Schädels war entsetzlich. Sie packte halb erfroren ihre Sachen zusammen und trottete mit gebeugtem Panzer und hängenden Schultern ihres Weges. *Wer bin ich, warum bin ich, wo bin ich, was ist das Glück?* Sie ernährte sich von dem, was sie am Wegesrand fand und wurde im Laufe der nächsten Tage immer nachdenklicher.

Nach vielen Wochen des Umherstreifens kam Sanny an einen riesigen See. Da sie sich verirrt hatte, setzte sie sich hin und schaute sich um. Es waren Gletscher wie Glas über einer weiten, unbegrenzten Steppe. Die Steppe war weiß, oder war sie grau? Es schwebte ein eisiger Nebel darüber und plötzlich fühlte sie sich einsam.

Zuhause hatte sie wenigstens immer genügend Gesellschaft gehabt.

Ein rauer Fels diente ihr zum Sitzen. Müde vom Wandern, still vom vielen Suchen geworden, wünschte sie sich, nie aufgebrochen zu sein. Dann hätte sie ihre schönsten Jahre wenigstens mit ihren Freunden verbringen können, dachte sie sich.

Sie nahm zuerst nicht wahr, wie sich das Wasser zu kräuseln begann. Es wurde, nein es *war*schon schwarz. Schwarzes Wasser? Aus dem Wasser stieg eine Säule, wirbelnd und brausend, tosend schoss es in die Höhe. Um die Säule herum zog sich das Wasser bedrohlich zusammen.

„Um Gottes Willen!“, schrie Sanny. „Das ist mein Ende. Der Teufel holt mich.“

„Ich bin nicht der Teufel“, sprach *es*. *Es* war ein Drache mit langer Schnauze und grau-schwarzem runzeligen Antlitz. Groß wie ein Fels baute sich der Drache vor der Schildkröte auf. Sanny war erstarrt. Erstarrt vor Schreck. In ihren Träumen hatte sie einmal ein solches Wesen gesehen, aber noch nie im wirklichen Leben. An ihrem Teich hätte niemand je geglaubt, dass es so etwas tatsächlich geben könnte.

Sie bot ihren gesamten Mut auf und traute sich, in die Richtung des gewaltigen Kopfes zu schauen. Und – sie wunderte sich. So richtig böse sah der Drache gar nicht aus. Aber auch nicht nett. In seinen langen Klauen drehte sich eine Kugel. Es war Glas. Es war Licht. Es war schwarz, es lebte.

Der Drache hielt Sanny das merkwürdige Ding hin und erhob seine raue Stimme: „Dies, Sanny ist für dich.“ „Für mich, was ist das?“ „Du darfst nicht fragen, was es ist. Du hast den Drachenfelsen erklommen. Du hast mich in deinen Träumen gesucht. Du bist nun dazu bestimmt, es zu hüten.“

„Hüten? Wie geht das? Wie hüte ich diese merkwürdige Ding?“

Sannys Stimme war schwach und zitterte vor Angst.

„Nun, liebe Schildkröte, indem du in jedem Moment deines Lebens bemüht bist, langsam zu gehen. Indem du weißt, dass du atmest und indem du Wurzeln durch festen Stein treibst. Doch dafür musst du etwas tun. Als Preis für meine Gabe sollst du sie tausend Jahre lang hüten.“

„Was ist das?“, stotterte Sanny, bemüht, nicht zu dicht an den Schlund des Drachens zu kommen.

„Es ist die sagenumwobene Drachenperle, die viele ihr Leben lang vergebens suchen.“

„Warum bekomme *ich* sie dann?“

„Du bist reinen Herzens und wahrhaft auf der Suche. Du bist bereit zu lernen. Nur mit einem offenen Geist kann man die Weisheit erkennen, wenn man sie in Händen hält “, schnaubte der Drache und seine Augen verrieten, dass es ihn sehr bewegte, als er die wunderschöne Kristallkugel an Sanny übergab.

Bevor Sanny ihren Schnabel zu einer weiteren Frage formen konnte, war der schwarze Drache mit einer gewaltigen Welle abgetaucht, ein Sturm zog auf und der See schien sich in die Höhe zu erheben.

Sanny drehte sich um und lief ins nahe Dickicht um sich in Sicherheit zu bringen. Die Perle flackerte noch immer in einem unwirklichen schwarz-seidenen Licht. Zum ersten Mal seit vielen Monaten schlief Sanny tief und fest durch.

Am nächsten Morgen schien die Sonne hell in den strahlend blauen Himmel. Nachdem Sanny die Drachenperle gut in ihrem Beutel verstaut hatte und sich gereckt und gestreckt hatte, machte sie sich auf ihren Weg. Sie wusste noch immer kein Ziel und so wollte sie am See entlang nach Osten wandern.

„Wer bist du denn?“, krächzte es neben ihr. Sie blickte auf und sah zunächst nichts. Sie schaute genauer und sah vor sich zwei Stelzen. An den Stelzen schaute sie hoch und ihr Blick endete in einem gefiederten Bauch, bis sich der große Vogel zu ihr herunter bückte.

„Ich heiße *Kranich* und keine Angst, ich fresse keine kleinen Kinder“, sprach er mit heiserer Stimme.

„Und der Drache?“, fragte Sanny zögerlich.

Nicht gerade freundlich, dachte Sanny. *Aber sonst habe ich niemanden, mit dem ich mich unterhalten könnte.* Sie wollte zumindest erfahren, wo sie war.

„Weißt du, wo wir sind, Kranich?“

„Nein, wieso?“

„Weil ich mich in diesen ganzen Bergen verirrt habe.“

„Wo möchtest du denn hin?“ Jetzt war der Kranich in der Tat neugierig und hörte auf, in seinem Gefieder nach kleinen Läusen zu picken. Er wendete seine ganze Aufmerksamkeit nun Sanny zu, die den spitzen Schnabel, der nun auf sie gerichtet war, etwas zu aufdringlich in ihrer Nähe fand.

„Ich weiß es wirklich nicht, wenn ich ehrlich bin. Deshalb habe ich mich ja verirrt“, gab Sanny nun zu. Kranich war ihr immer noch nicht ganz geheuer. Sie wusste nicht, ob es richtig war, so offen mit einem Fremden zu sprechen. Aber schließlich hatte sie schon die Begegnung mit der Schlange, dem Jungen und dem Drachen gemeistert. Sie räusperte sich, damit sie nicht so ängstlich klang.

„Ich suche mein Glück und ich werde so lange suchen, bis ich es finde.“

„Und wie soll das aussehen?“

Sanny setzte sich am Seeufer hin und erzählte Kranich von ihren Sehnsüchten und Träumen und letzten Endes auch vom Drachen. Nur die Perle, die ließ sie aus, denn sie vertraute dem Kranich nicht so hundertprozentig.

„Was, der schwarze Drache vom See hat mit *dir* geredet? Das gibt’s doch nicht. Lügst du mich auch nicht an?“

„Nein, ich sage die Wahrheit und er hatte eine Warze unterm Kinn und darauf wuchs ein einzelnes langes Haar.“

Der Kranich musterte Sanny lange von oben bis unten, kratzte sich schließlich an seinen widerborstig abstehenden Kopffedern und murmelte.

„Ich glaube, ich weiß, was das zu bedeuten hat." Noch intensiver bohrte er sich in Sannys Blick. Wenn der Drache dir nichts getan hat, dann bist du einer von den wenigen, die bereit für den Weg sind."

„Welcher *Weg*?"

„*Der* Weg. Der Weg der inneren Kampfkunst, der Übung und der Selbstvervollkommnung."

„Was ist Selbstvervollkommnung?", wollte Sanny wissen.

„Nun, äh," tat der Kranich schlau. „Du versuchst jeden Tag ein bisschen besser zu werden."

„In was?"

„In dem, was du lernst und in deinem Charakter. Denn die beste Kunst dient niemandem, wenn man dabei einen miesen Charakter behält. Dann ist alles, was man macht, schädlich. Hast du aber deinen Charakter, genau wie deinen Körper trainiert, so wendet sich alles, was du anpackst, für alle Beteiligten immer zum Guten."

„So einfach ist das?"

„Nun, es erfordert eine sehr lange Übung."

„Warum übt man überhaupt?

„Wenn man übt, besiegt man seinen schlimmsten Feind. Den kennst du ja schließlich?"

Sanny blickte dumm aus ihrem Panzer heraus.

„Nee."

„Wenn wir üben, besiegen wir Ängste, Begierden, Hass und Wut in uns. Die sind schlimmer, als alles andere."

„Und wer könnte mich so etwas lehren?"

„Nun“, räusperte sich Kranich. „Er steht gewissermaßen vor dir. Darf ich vorstellen? Mein Name ist Kranich, Lehrer für Chi Gong nach dem Stil der Wudang-Berge.“

„Oh“, ehrfürchtig verneigte sich Sanny vor Kranich, „gerne, ich will sooo viel lernen.“

Gleich am nächsten Tag begann der Unterricht. Kranich zeigte unserer Schildkröte viele Bewegungen und viele Atemtechniken, die zugleich Körper und Geist stärken sollten. Sanny wurde von Tag zu Tag beweglicher.

Sie lernte vieles über die Energielinien, die im Körper fließen. Kranich nannte sie *Meridiane*. Kranich erklärte ihr auch, dass, wenn die Meridiane im Körper verstopft waren, es dann zu vielen Krankheiten und Schwächen kommen konnte.

Nach einigen Wochen spürte Sanny, dass es ihr in jeder Hinsicht besser ging. Sie grübelte nicht mehr so viel über sich und ihre Fragen nach. Die Fragen hatte sie weiterhin, aber manchmal kam es sogar vor, dass sich eine Frage ganz von alleine löste.
Wenn sie sich zum Beispiel nicht entscheiden konnte, ob sie etwas machen oder nicht machen sollte, fiel es ihr viel leichter, auf ihr Inneres zu hören.
Doch es war noch nicht vollkommen. Etwas störte Sanny noch.

Eines Tages saßen beide im Sonnenuntergang und knabberten kleine Käfer und Grassamen. Da sagte Kranich „Du bist eine gute und gelehrige Schülerin. Du hast in den letzten Monaten so viel von mir gelernt, doch ich sehe, dass ich dich nicht mehr weiter unterrichten kann.“

Traurig blickte Sanny sie an. Auch sie hatte gespürt, dass etwas nicht ganz so lief, wie es sollte, zumindest in der letzten Zeit.

„Warum?“

„Was ist *Stil*?“ Sanny kam sich wieder so blöd vor.

„Das ist das, was letztendlich zu dir und deinem Körper passt. Und jetzt lernst du Kranich-Bewegungen, du bist aber eine junge Schildkröte und solltest Schildkröten-Bewegungen lernen. “ Das leuchtete Sanny ein und plötzlich tat sich ihr die Frage auf, die sie eigentlich während der letzten Wochen schon öfter im Hinterkopf gehabt hatte.

„Willst du – willst du damit sagen, es gibt noch woanders Schildkröten, die genau so sind wie ich, die denken und fühlen wie ich und auch „auf dem Weg“ sind?

„Oh ja“, entgegnete Kranich. „Aber ich werde dich sehr vermissen, du bist eine gute Schülerin. Samira Tiger kann dich hinbringen. Es gibt etwa vier Täler östlich von hier einen Fluss. Er ist wunderschön und klar, man nennt ihn *Schwertfluss*. Er ist inmitten herrlich smaragdgrüner Berge gelegen und führt klares Wasser. Dort lebt eine Gruppe von Schildkröten, die ihre eigene Qi Gong Form haben, die Form der Schildkröte.“

Tief beeindruckt hing Sanny an Kranichs Lippen. Ihr Gehirn schlug Purzelbäume. „Das könnte aber auch heißen, dass andere Tiere, zum Beispiel die Schlange oder der Tiger ebenfalls ihr eigenes Qi Gong lernen.“

„So ist es.“

„Und der Drache?“, fragte Sanny zögerlich.

„Auch der Drache. Die Form des Drachen ist die edelste und schwierigste der Tierformen des Wudang-Gebirges. Sie sollte man ganz zuletzt lernen.“

„Oh.“

Die beiden, die sich anfangs so misstrauisch begegnet waren, verabschiedeten sich herzlich, als die Tigerin Samira eintraf.

Sanny zuckte instinktiv zusammen. Die Muskeln der Tigerin waren stark, die Zähne stachen scharf aus dem großen Maul heraus. Doch Sanny hatte Vertrauen in das, was sie gelernt hatte und sie fasste Mut. Sie durfte auf dem Rücken der Tigerin reiten, die den Weg zur Schildkrötensiedlung am Schwertfluss kannte.

Auf dem Rücken der Tigerin besiegte Sanny ihre letzten Ängste, die sie gehabt hatte, und lernte, ihrem Bauchgefühl zu vertrauen.

Unterwegs begannen die beiden ein Schwätzchen, im Hinterkopf fragte sich jedoch Sanny, wie viele ihrer Artgenossen die Tigerin vielleicht schon gefressen haben mochte, doch man musste lernen, jedem, dem man begegnete, mit offenem Herzen zu begegnen. Nur, weil Sanny Angst hatte, war Samira doch kein schlechtes Wesen!

So kamen sie nach drei Tagen und drei Nächten im „Sorgenfreien Tal" an, in dem wunderschönen Tal, durch das der Schwertfluss seine Schlangenlinie zog.

Ein wenig versteckt lag die Schildkrötenkolonie und als sich die beiden annäherten – Samira konnte das Anschleichen einfach nicht lassen, sodass die anderen sie nicht gleich hörten – sahen sie ein einmaliges Schauspiel: die meisten der Gruppe vollführten synchrone Bewegungen, Schritte, Drehungen, Dehnungen, sodass es wie ein wunderbarer Tanz aussah.

Sanny wusste, dass sie davon einmal geträumt hatte, vor langer Zeit, als sie noch in ihrem Dorf zu Hause oft nachts wach lag.

Im strahlenden Sonnenlicht, geschützt durch lichte Zweige, wiegte die Gruppe in ihren gemeinsamen Bewegungen. Andere saßen auf einem großen morschen Ast, der schräg über den Fluss hing, in der Sonne und wirkten völlig entspannt.

Glück und Zufriedenheit lagen in der Luft und niemand in der Gruppe schien traurig oder angespannt zu sein.

Behutsam setzte die Tigerin Samira Sanny im Gras ab. Sie verabschiedeten sich wie alte Freundinnen. Samira war sehr gerührt.

„Ich danke dir, dass du keine Angst vor mir hattest. Ich kenne wenige, die nicht vor mir weglaufen."

„Nun, ich möchte den anderen Schildkröten von dir erzählen und dann kannst du immer zu uns kommen, wenn dir nach Gesellschaft ist."

Samiras wunderschöne grüne Tigeraugen leuchteten auf. „Ehrlich?"

„Oh ja, und vielleicht könntest du uns eines Tages mal ein Stück aus deiner Qi Gong Form des Tigers zeigen."

„Sehr gerne." Ihr Blick war jetzt ruhig und wies in die Zukunft.

„Und vielleicht," sagte Samira, „vielleicht werden eines Tages sogar die Menschen zu uns an den Schwertfluss kommen und diese wunderbare Kunst des Qi Gong von uns lernen wollen, die Form der Schildkröte, der Schlange, des Tigers, des Kranichs und des Drachen."

„Vielleicht", sagte Sanny.

Fragen:

Kannst du nachempfinden, warum Sanny ihr Dorf verlassen wollte, obwohl es ihr eigentlich an nichts gefehlt hat?

Qi Gong ist ein Begriff für Übungen, die den Fluss der Energie in deinem Körper verbessern sollen. Es gibt dabei Atemübungen, Bewegungsübungen und Übungen, die die Konzentration auf den eigenen Körper stärken. Denke an dein eigenes Training und versuche zu beschreiben, wie es deinen einzelnen Körperteilen nach dem Training geht. Sind z.B. deine Beine schwer oder leicht? Wie geht es deinen Schultern?

Denke an deinen eigenen Freundes- und Bekanntenkreis. Kennst du ebenfalls Menschen, die ein bisschen so sind wie Samira Tiger?

Was alles trägt dazu bei, dass Sanny am Ende der Geschichte so glücklich wirkt?

Wofür könnte die geheimnisvolle Drachenperle stehen, die der schwarze Drache Sanny schenkt? Dazu findest du auch viele Hinweise im Internet.

Hintergrund & Geschichte:

Den Schwertfluss gibt es wirklich. Er fließt durch die Wudang-Berge, die in der chinesischen Provinz Hubei liegen und zum Weltkulturerbe gehören. Viele Kampfkunstmeister behaupten, dass dort die Wiege des Kung-Fu sei. In den Wudang-Bergen gibt es auch heute noch aktive daoistische Klöster und eine große Zahl von traditionellen Kampfkunstschulen.

Die rastlose Molly

Venjin He

Molly hatte gerade ihren sechsten Geburtstag gefeiert und ihr erstes Schuljahr begonnen. Sie war ein freundliches, nettes Mädchen, wenn auch manchmal etwas unentschieden und immer rastlos. Es fiel ihr nicht schwer, Freunde in ihrer Klasse zu finden. Jeder mochte ihr freches Grinsen, ihr cleveres Köpfchen und ihre lustigen Geschichten.

Ihre neuen Freunde hatten alle Hobbys. Viele trieben Sport im Verein. Und eine von ihnen überredete Molly, mit ihr gemeinsam Kampfkunst zu probieren. Als ihre Mutter sie von der Schule abholte, fragte Molly: „Mami, kann ich mit Sara zu ihrer Taekwondo-Stunde gehen? Was sie erzählt, klingt wirklich cool, und ich kann sogar ihren Ersatz-Dobok tragen."

„Das ist koreanischer Kampfsport, oder? Klingt nach einer guten Idee. Ich bringe dich hin, damit du es ausprobieren kannst.", sagte Mollys Mama. Sie war glücklich, dass Molly in der Schule so gut zurecht kam, und ein gemeinsames Hobby mit einer Freundin schien ihr eine gute Ergänzung.

Am nächsten Morgen war Molly so aufgeregt, dass ihre Mama sie für die Schule gar nicht aufwecken musste. Mit Heißhunger verschlang sie ihr Frühstück, damit sie „genug Energie für den Rest des Tages" habe, wie sie erklärte.

Saras Ersatz-Dobok passte perfekt. Molly war beeindruckt von Saras Fähigkeiten und noch mehr von den hohen Tritten der Fortgeschrittenen in der Halle.

Eifrig trainierte sie mit, gab sich viel Mühe, alles zu lernen … und doch konnte sie die Augen nicht von der Uhr an der Wand der Halle nehmen.

„Wie war die Stunde, Molly?“ fragte ihre Mutter hinterher. „Von der Bank aus sah es ziemlich interessant aus.“

„Es war Spitze! Ich hätte nur viel lieber all die coolen Sachen gemacht, die die älteren Kinder und die Erwachsenen gemacht haben.“

„Na, das kommt eines Tages, Molly“, entgegnete ihre Mutter. „Es war ja deine erste Stunde. Man fängt halt immer mit den Grundlagen an, Schätzchen.“
„Mm-hm ... ja klar ...“ sagte Molly und vertiefte sich in ein Buch, bis sie zu Hause ankamen.

Am nächsten Morgen wachte Molly nicht vorzeitig auf, sie ließ einen Teil ihres Frühstücks ungegessen liegen und vergaß beinahe ihre Schultasche auf dem Weg aus der Tür. Kopfschüttelnd beobachtete ihre Mutter das alles, sagte aber nichts.

Als sie ihre Tochter nach der Schule abholte, war diese aber wieder ganz aufgeregt: „Mami, kann ich Jimmy zu seiner Karate-Stunde heute Abend begleiten? Er sagt, das sei total super, und ich kann auch seinen Ersatz-Gi haben.“

„Was ist denn mit Taekwondo und Sara?“ fragte Mama. „Karate ist doch auch ein Kampfsport, oder?“

„Ja, aber Taekwondo hab ich jetzt ja schon probiert. Ich will nicht bis zur nächsten Stunde warten, um etwas Neues auszuprobieren.“

Mollys Mama dachte, dass es kaum falsch sein konnte, neue Sachen mit anderen Freunden auszuprobieren. Also brachte sie ihre Tochter am Abend zu Jimmys Karatestunde.

Jimmys Ersatz-Anzug war ein bisschen zu lang. Er war groß für sein Alter. Das Problem ließ sich gut lösen, indem Mollys Mutter die Ärmel und Beine des Gis nach innen faltete.

Molly bekam Jimmy als Partner während einiger Drills aus einer Kata, was ihr Spaß machte, und fand spannend, als sie erfuhr, dass Karate-Do „Weg der leeren Hand“ bedeutet. Aber auch diesmal wanderte ihr Blick immer wieder zur Uhr an der Wand.

„Wie hat dir das gefallen, Molly?“ fragte ihre Mutter, als sie zum Abendessen in einem kleinen Restaurant anhielten. „Jimmy sah riesig aus neben dir während der Übungen.“

„Es war Klasse“, antwortete Molly. „Nur dass Jimmy schon den Gelbgurt hat, und ich hatte nur einen weißen. Das war wirklich unfair.“

„Das ist doch nicht unfair, Molly! Jimmy macht schon eine ganze Weile Karate und hat sich seinen Gürtel verdient, weil er viel gelernt und auch eine Prüfung abgelegt hat.“

„Mm-hm ... jaja ...“, sagte Molly und knabberte an ihrem Brot.

Am nächsten Morgen fuhr Mollys Vater sie zur Schule, gemeinsam mit ihrer Klassenkameradin Sandy, die in der Nachbarschaft wohnte. Die Sonne schien, im Radio liefen Verkehrsnachrichten, die Mädchen plauderten auf dem Rücksitz.

„Papa, kann ich morgen einen WingTsun-Lehrgang mit Sandy besuchen? Ich hab' schulfrei, es ist ja Samstag.“

Ihr Vater runzelte die Stirn. „Und was ist mit Taekwondo? Und Karate? Sara und Jimmy werden dich doch vermissen." Er wollte nicht unfreundlich sein, außerdem mochte er Sandy, aber er fand, dass es hoch an der Zeit war, dass Molly sich für ein Hobby entschied und das auch durchhielt.

„Ich möchte aber WingTsun machen. Es ist von einer Frau entwickelt worden. Ich bin sicher, dass das genau das Richtige für mich ist!", beharrte Molly. „Außerdem sehe ich Sara und Jimmy in der Schule ja sowieso die ganze Zeit."

„Weißt du, es ist durchaus auch was für Männer", entgegnete Mollys Papa. „Ich habe es selbst mal eine Weile trainiert, als ich noch jünger war. Vielleicht ist es gar keine so schlechte Idee. Wann geht der Lehrgang los?"

Am Samstag startete der Tag stets etwas später als unter der Woche. Mollys Familie ließ es langsam angehen, und es gab Pfannkuchen zum Frühstück. Aber Molly war schon ganz aufgeregt. Noch vor dem Mittagessen packte sie ihre Tasche und war fertig zum Aufbruch. Diesmal brauchte sie nur ein T-Shirt und bequeme Leggins, keine Uniform.

Mollys Vater hatte sich bereit erklärt, die Mädchen zum Training zu bringen und auch wieder abzuholen.

Der Lehrgang begann, und Molly zeigte beachtliches Talent für Übungen der Klebenden Hand. Es machte Spaß, mit Sandy und ihrem Sifu zu üben, der außerdem sehr nett war. Und dennoch wanderten Mollys Augen auch diesmal immer wieder zur Uhr an der Wand.

„Wie war der Lehrgang?" fragte Mollys Vater auf dem Rückweg im Auto. Der Verkehr war dicht am späten Samstagnachmittag, und die Mädchen waren ziemlich müde.

„Toll!", rief Sandy vom Rücksitz. „Lass uns nächste Woche wieder hingehen!"

„Ich fand die Aufwärmübungen ganz nett ...“, meinte Molly. „Aber die ganzen chinesischen Namen und Begriffe, die sind doch viel zu verwirrend.“

Ihr Vater runzelte die Stirn und musterte seine Tochter im Rückspiegel. „Kampfkunst ist eben nicht nur Sport, und auch nicht nur Selbstverteidigung. Man lernt auch etwas über die Kultur der Länder, wo sie herkommt.“
„Mm-hm ... jaja ...“, machte Molly und fischte ihre Stickersammlung aus dem Rucksack.

Wie jeden Sonntag besuchten Mollys Großeltern auch in dieser Woche die Familie zum gemeinsamen Mittagessen und um ihre Lieblingsenkelin zu sehen.

Während alle an ihrem Sonntagsbraten kauten, fragte Mollys Großvater: „Wie geht's in der Schule, Molly? Wie ich höre, hast du schon jede Menge neue Freunde gefunden.“

Auch ihre Großmutter war neugierig: „Habt ihr schon viele neue Dinge gelernt in der Schule? Deine Mama hat mir erzählt, dass du auch ein neues Hobby gefunden hast.“

„Die Schule ist ganz in Ordnung“, antwortete Molly. „Aber ich wäre froh, wenn sie erst mittags anfangen würde und ich außerdem aaaaalle mein Spielzeug mitnehmen könnte.“
„So läuft das leider nicht in der Schule.“ Großmutter giggelte ein bisschen. „Kannst du mir bitte das Salz geben?“
Molly reichte ihr das Salz und fuhr fort:
„Ich bin jetzt ein Super-Ninja, der Beste auf der Welt!“

„Wirklich? Du hast mit Ninjutsu begonnen?“ fragte ihr Großvater und rückte seine Brille zurecht.

„Nein, Opa!“ Molly rollte mit den Augen.

„Also bist du doch nicht der beste Ninja der Welt", wunderte sich ihre Großmutter.

„Doch! Ich war schon in drei verschiedenen Trainings", erklärte Molly entschieden. „Ich kann Taekwondo, Karate und WingTsun!" Sie machte eine kurze Pause, während sie die Erbsen auf ihrem Teller herumschob. Dann verkündete sie: „Und nächste Woche lerne ich Ninjutsu!"

Ihr Großvater wischte sich den Mund ab und seufzte.

„Molly, ich finde großartig, dass du so gerne neue Sachen ausprobierst, und es ist sehr gut, einen offenen Geist zu bewahren. Aber wenn du wirklich etwas lernen willst, musst du mehr Zeit und Mühe investieren. Du kannst nicht einfach nur einen kurzen Blick riskieren und glauben, dass du dann schon ein Meister bist." Wieder rückte er seine Brille zurecht. „Wenn du etwas wirklich gerne machst, musst du mit viel Geduld und vielen Wiederholungen üben. Und du musst dich um Verständnis für die Hintergründe bemühen und herausfinden, warum die Dinge so gemacht werden, wie sie gemacht werden. Erst musst du etwas wirklich lernen, dann kannst du weiterziehen und nach neuen Quellen suchen."

Lächeln fügte ihre Großmutter hinzu: „Es ist auch in Ordnung, wenn du etwas nicht magst und nicht mehr weiterlernen willst. Aber du kannst nur sagen, dass du etwas gelernt hast, wenn du das auch wirklich getan hast."

Nach diesen Worten schmollte Molly ein wenig. Sie versuchte zu verdauen, was ihre Großeltern ihr gerade gesagt hatten. Das fiel ihr schwer, auch wenn sie grundsätzlich verstand, was die beiden meinten.

Für den Rest des Abendessens dachte sie so konzentriert nach, dass sie nicht ein einziges Mal auf die Uhr sah oder sich mit anderen Dingen ablenkte, bis sie ihren Teller leer gegessen hatte.

Als die neue Woche begann, saß Molly wieder mit ihrem Vater im Auto. Diesmal waren sie alleine, ohne Sandy.

„Ich hole dich nach der Schule wieder ab“, meinte Mollys Papa, als sie an der Schule ankamen.
„Ist gut. Und dann würde ich gerne zum Training gehen“, antwortete Molly. Sie hatte viel nachgedacht seit dem Gespräch mit ihren Großeltern. „Ich freue mich darauf, etwas anzufangen und nicht sofort wieder aufzuhören.“

Als sie in die Schule lief, saß ihr Vater noch eine Weile alleine im Auto und blickte seiner Tochter hinterher. Er war stolz auf ihren Beschluss.

Erst als er wieder losfuhr, fiel ihm auf, dass er gar nicht gefragt hatte, für welche Kampfkunst sie sich denn jetzt entschieden hatte.

Fragen:

Was denkst Du? Wofür hat Molly sich entschieden?

Ist es Dir auch schon einmal so gegangen, dass Du eine Trainingsstunde langweilig fandest? Oder dass Du den Eindruck hattest, dass Du eigentlich alles schon kannst, was der Lehrer heute mit Dir üben will? Wie bist Du damit umgegangen?

Kennst Du Leute, die mit ihrer Kampfkunst aufgehört haben, um etwas anderes zu beginnen?

Der Beste

Heero Miketta

Meike rieb ihr Schienbein und verzog schmerzhaft das Gesicht.

„Der Idiot“, grummelte sie. „Das hat tierisch wehgetan.“

Anja beugte sich über sie, um das Bein zu begutachten.

„Man sieht nichts“, stellte sie fest.

„Kann ja sein. Aber morgen ist es alles blau. Ich hab' echt langsam keine Lust mehr, mit dem zu kämpfen.“

Nachdenklich blickte Anja zu Marvin hinüber. Der ließ sich gerade von seinen Kumpels feiern, wie immer. Das konnte er. Rücksichtslos kämpfen und dann von anderen bewundert werden. Viel zu oft lobte selbst Gerd ihn, und das war schwer zu ertragen.

Anja fand Gerd toll, wie fast alle Mädchen in der Judogruppe. Gerd war ein toller Trainer, hatte immer ein Lächeln auf den Lippen, und war stark wie kein Zweiter.

Aber Gerd mochte starke Kämpfer. Er hatte seine Lieblinge, und gewinnen ging ihm über alles. Manchmal war das unangenehm, weil nicht alle guten Kämpfer auch nette Leute waren.

So wie Marvin. Der war in der Schule ein fieser Bully, und beim Training war es auch nicht anders. Anja ging ihm hier wie dort lieber aus dem Weg – aber Meike konnte das nicht. Meike war selbst eine starke Kämpferin, und einer von Gerds Lieblingen. Sie musste sich beweisen. Sie wollte auf keinen Fall schwach aussehen.

„Irgendwann besiege ich den Fettsack“, brummte sie jetzt.

Anja war überrascht. „Eben hast du noch gesagt, dass du keine Lust mehr hast, mit ihm zu kämpfen?“

„Was hat das mit Lust zu tun?“ Meike klang unwirsch. „Ich mach' doch Judo nicht für den Spaß. Ich will die Beste sein! Ich will gewinnen! Da muss man manchmal auch was wegstecken.“

„Naja, *ich* mache Judo für den Spaß. Mir ist gewinnen nicht so wichtig.“

Meike warf ihr einen schiefen Blick zu. „Das ist doch Blödsinn. Wozu macht man denn Sport, wenn nicht für den Wettkampf? Um zu schauen, wie stark man ist, und um stärker zu werden?“

Darüber dachte Anja einen Moment nach. Ihr kam es vor, als würde Judo mehr Spaß machen, wenn es nicht so sehr um Wettkampf und Kräftemessen ginge. Der Druck verdarb einem dauernd den Spaß, das Krafttraining und das lange Aufwärmen waren viel zu anstrengend, und die Judoka waren manchmal unfreundlich, wenn Wettkämpfe vor der Tür standen.

Und unfair war das sowieso. Anja fand nicht nett, dass Meike „Fettsack“ zu Marvin gesagt hatte. Wenn man ganz ehrlich war, stimmte das allerdings. Marvin war nicht unbedingt stark, er war einfach unheimlich schwer, und das machte es sehr mühsam, ihn zu besiegen. Von Technik keine Spur.

In diesem Moment klatschte Gerd in die Hände. Die Kinder strömten in der Mitte der Matte zusammen, wo Gerd einen neuen Wurf erläuterte. Anja vergaß alles andere – wenn Gerd etwas zeigte, sah es immer aus wie Magie. Er war einfach zu gut.

Erst einige Tage später erinnerte sie sich wieder an das Gespräch mit Meike, als Gerd beim Training die Namen der Kinder vorlas, die er für den Siebengebirgspokal nominiert hatte.

Das war eine Tradition: Nicht jeder Judoka aus ihrem Verein konnte einfach zu Wettkämpfen fahren. Gerd und die anderen Trainer trafen eine Vorauswahl, und nur die Besten bekamen eine Chance.

Marvin und Meike waren dabei, wie immer. Aber dann sagte Gerd: „Und außerdem ist Anja im Wettkampfkader. Du hast dich so gut entwickelt, wir sind ziemlich stolz auf dich."

Zuerst dachte Anja, dass sie sich verhört hatte. „Ich?" fragte sie, und fast rechnete sie damit, dass die anderen sie jetzt auslachen würden, weil er in Wirklichkeit „Mina" gesagt hatte, oder „Tina". Aber es waren gar keine Mina und keine Tina in der Judogruppe. Es ging wirklich um sie.

„Ja klar", sagte Gerd. „Wieso bist du überrascht? Du bist doch sehr gut geworden, und ziemlich ehrgeizig."

Fast hätte Anja ihm widersprochen. Sie war überhaupt nicht ehrgeizig. Sie hatte Spaß am Judo, sah es als Spiel, und betrieb das Training ganz entspannt und ohne Stress. Fast wurde sie ein bisschen sauer über ihre Nominierung für den Siebengebirgspokal. Wenn Gerd wollte, dass sie andere besiegte, würde ihr sorgenfreies Training flötengehen.

„Okay", sagte sie deswegen nur. Sie sah, dass Gerd die Stirn runzelte. Er schien enttäuscht zu sein über ihre Reaktion – aber was sollte sie tun? Wettkämpfe waren nun mal nichts für sie.

Weil sie mit diesen Gedanken beschäftigt war, merkte sie gar nicht, was um sie herum vor sich ging. Sie absolvierte das Training ohne großes Interesse, bis Gerd schließlich zum Randori rief: „Jeder nimmt einen Partner!"

Anja spürte einen kräftigen Knuff an der Schulter und schaute in Meikes grinsendes Gesicht. „Das wird Spitze!" sagte die Freundin begeistert.

„Was?" fragte Anja verdattert.

„Na, der Pokal! Wir räumen den ab! Ich finde toll, dass du dabei bist!"

„Ach so", machte Anja. „Okay. Ja, in Ordnung. Ich bin auch mal gespannt."

Meike verbeugte sich, und jetzt verstand Anja, dass die Freundin mit ihr kämpfen wollte. Schon bekam sie wieder schlechte Laune. Meike war so schrecklich ehrgeizig, und jetzt, wo sie beide auf dem gleichen Wettkampf starteten, würde sie vermutlich ruppig zur Sache gehen. Anja hatte schon keine Lust mehr.

Aber es war dann doch alles in Ordnung. Nach nur wenigen Sekunden war alles wie immer. Anja und Meike spielten, testeten einander aus, suchten nach Schwachstellen und probierten ihre Techniken. Beide kamen zum Wurf, und beide lachten viel. Anja war erleichtert. Vielleicht war der Siebengebirgspokal am Ende doch nicht so schlimm.

„Partnerwechsel!" rief Gerd. Anja kämpfte mit zwei anderen Mädchen, dann rief Gerd: „Und jetzt jedes Mädchen mit einem Jungen!"

Da hieß es schnell sein, damit man jemanden abbekam, mit dem Randori auch Spaß machte. Wer als Mädchen an Marvin hängenblieb, hatte zum Beispiel überhaupt nichts zu lachen, das kannte Anja schon.

Aber zu spät: Die anderen Mädchen hatten sich schon an ihm vorbeigemogelt, und Anja war an ihm hängengeblieben. Und schon plusterte er sich auf.

„Na, Kleine. Du willst auch starten, hä?" sagte er spöttisch. „Ich find' ja, Judo ist eigentlich nichts für Mädchen. Da braucht man nämlich Muckis für." Prahlerisch beugte er seinen Arm, als wolle er seinen Bizeps zeigen. Sein Judoanzug spannte über dem Speck seines Oberarms, aber Anja wollte dazu nichts sagen. Es genügte schon, dass sie jetzt mit ihm Randori machen musste.

„Marvin, benimm dich!“ rief stattdessen Gerd herüber. Anscheinend hatte er gehört, was der Junge gesagt hatte. „Hab' ich dir schon mal gesagt, dass die Sprüche blöde sind.“

„Jaja“, machte Marvin, aber so leise, dass Gerd ihn nicht hören konnte. Dem Trainer zu widersprechen, dafür hatte er keinen Schneid. Nur Schwächere ärgern, darin war er gut.

Anja wurde sauer, aber dann zuckte sie die Achseln und beschloss, sich nicht von dem Blödmann ärgern zu lassen. Sollte er doch denken, was er wollte. Sie war hier, um Spaß zu haben, und jetzt wollte sie nur so schnell wie möglich das Randori mit ihm hinter sich bringen.

Das Startkommando („Hajime!“) kam, und Marvin griff zu.
Anja wusste, dass es schwer werden würde, sich aus seinem Griff zu lösen, und hatte er sie einmal gepackt, konnte er sie einfach hochheben. Er wog vermutlich doppelt so viel wie sie. Also wich sie aus. Sein Griff ging ins Leere, wieder und wieder, und das machte ihn wütend. Das war nicht gut: Marvin hatte sich oft nicht unter Kontrolle, wenn er sie jetzt zu greifen bekam, würde er sie hart werfen, und darauf hatte sie gar keine Lust.

Andererseits begann es ihr Spaß zu machen, den massigen Jungen ins Leere laufen zu lassen. Spielerisch wich sie weiter aus, und dann sah sie ihre große Chance: Marvin verließ sich zu sehr auf seine Kraft, konzentrierte sich viel zu viel darauf, seine so viel kleinere Gegnerin zu fassen zu bekommen. Er achtete nicht auf seine Schritte oder seine Balance.

Das war zu schön, um es nicht zu nutzen. Anja unterlief einen seiner Greifversuche, fiel auf ein Knie, blockierte seine Beine und zog ihn spielerisch mit Seoi Nage über ihre Hüfte. Rumms!

Damit hatte Marvin nicht gerechnet. Er fiel unglücklich und blieb liegen, sich die Seite haltend.

„Autsch", sagte er. „Ich bin auf meinen Arm gefallen." Es klang, als bekäme er nicht anständig Luft.

Schon eilte Gerd herbei.

„Was ist los?"

Marvin keuchte und zeigte auf Anja. „... hat mich geworfen."

„Das habe ich gesehen", sagte Gerd. „Klasse gemacht, Anja! Das ist Judo – nicht Kraft gegen Kraft, sondern einfühlen in den anderen und mit seiner Kraft arbeiten. Ich bin begeistert!"

Marvin röchelte. „... war unfair!"

„Wirklich?" fragte Gerd. „Wieso?"

„Hab ... nicht mit gerechnet." Marvin röchelte wieder.
Jetzt verstand Anja: Der Junge war nicht wirklich verletzt. Er wollte nur nicht zugeben, dass Anja ihn besiegen konnte. Deswegen tat er jetzt so, als sei er schwer verwundet.

Gerd ließ das nicht gelten. „Komm, hoch mit dir", sagte er und half Marvin auf die Füße. Der schwere Junge sah neben dem top trainierten Judo-Lehrer aus wie ein Zwerg. Noch immer hielt er sich die Seite. „Streck dich!" kommandierte Gerd. „Heb' die Arme!"

Gehorsam tat Marvin, was ihm gesagt wurde, und langsam normalisierte sich seine Atmung.

„In Ordnung", sagte Gerd. „Ihr macht weiter Randori. So ein kleiner Sturz ist kein Grund zum Aufgeben. Die anderen auch!" rief er in die Halle.

Doch Anja merkte, dass die Augen der anderen Kinder auf sie gerichtet waren. Niemand im Raum schien noch ernsthaft zu kämpfen, alle sahen aus den Augenwinkeln zu, wie Anja und Marvin einander wieder umkreisten.

Und tatsächlich machte Marvin den gleichen Fehler! Wütend, und weil er sein Gesicht verloren hatte, versuchte er noch angestrengter, Anja zu packen. Die war wie vor den Kopf geschlagen: Marvin war doch unbesiegbar! Er war stark und unberechenbar! Wie konnte es so einfach sein, ihn zu werfen?

Diesmal grätschte sie in seine Beine und warf ihn über die Schulter, ein lupenreiner Harai Make Komi. Niemals hätte sie erwartet hätte, diesen Wurf jemals in einem freien Kampf benutzen zu können. Er kam ihr immer viel zu technisch vor, viel zu komplex, als dass er wirklich funktionieren würde, wenn der Gegner sich bewegte. Und doch klappte es.

Während Marvin sich wieder aufrappelte, hörte Anja vereinzeltes Gelächter und sogar ein bisschen Klatschen von den anderen Kindern. Erschrocken sah sie in Marvins Gesicht – der Junge war jetzt *wirklich* stinkig, das konnte sie klar erkennen.

Doch da kam Gerds Kommando als Rettung in letzter Sekunde: „Ma-te!" rief er, und Marvin wandte sich ab – nicht ohne Anja noch einen letzten wütenden Blick zuzuwerfen.

Gerd lachte und legte ihm freundschaftlich einen Arm um die Schultern. Jetzt sah Marvin nicht mehr gefährlich aus, sondern wie ein kleiner Junge, dessen Vater ihn liebevoll knuddelt.

„Schaut her, liebe Kinder", erklärte Gerd laut. „So ist das im Leben. Auch der Stärkste findet manchmal seinen Meister. Jeder von uns hat Schwachstellen. Ist das nicht toll?"

Die Kinder blickten ihn verständnislos an.

„Na, schaut mal! Marvin ist einer unserer besten Kämpfer, und trotzdem kann er besiegt werden. Und muss lernen, damit zu leben." Gerd zeigt auf Anja. „Und schaut euch Anja an! Die will gar nicht gewinnen. Die ist nur hier, um Spaß zu haben. Stimmt's?"

Anja nickte verdattert.

„Aber trotzdem kannst du beim Kämpfen eine Menge lernen. Zum Beispiel, wo deine Stärken liegen. Und dass du gewinnen kannst, auch wenn alles danach aussiehst, als wäre das unmöglich."

Gerd klatschte in die Hände. „Eine Reihe!" rief er. „Die Stunde ist zu Ende!"

Lachend zeigte er auf den Rand der Matte, wo die Kinder sich jetzt aufstellten. Noch immer waren sie ungewöhnlich still.

Gerd aber schien ziemlich fröhlich. Und Anja fragte sich, ob er vielleicht doch ein Lehrer war, der sich nicht nur um die starken Kämpfer kümmerte.

In diesem Moment begann sie, sich auf den Wettkampf zu freuen. Egal, ob sie gewann oder verlor. Es würde toll sein, sich der Herausforderung zu stellen.

Fragen:

Die Geschichte wird aus Anjas Sicht erzählt – aber es wäre sicherlich spannend, sie aus Marvins Sicht zu hören. Was denkst Du, wie er seinen Kampf mit Anja erlebt hat? Er ist ein ziemlicher Angeber, aber wenn er wirklich "der Beste" wäre, müsste er dann so angeben?

Anja macht Judo zum Vergnügen, und sie sorgt sich, dass Wettkampf und Ehrgeiz ihr den Spaß verderben. Glaubst Du, dass da was dran sein kann? Meike scheint ihren Sport vor allem als Wettkampf zu sehen, für den sie Leistung bringen muss. Denkst Du, es gibt einen Mittelweg?

Wie findest Du Gerds Reaktion auf den Trainingskampf von Marvin und Anja? Wie würde dein Trainer so etwas handhaben?

Tradition durch die Hintertür

Klaus-Günther Beck-Ewerhardy

Li und einige seiner Klassenkameraden saßen im Großraumabteil des Zugs von Beijing nach Wuhan. Sie waren auf dem Weg zu ihren Familien zum *Qīngmíng* und würden etwa eine Woche mit ihren Familien feiern und der Toten gedenken, sowie die Grabstätten reinigen, wie es jedes Jahr üblich ist. Sie hatten mit neun Leuten zwei Bankreihen belegt und hörten Musik, spielten oder surften auf ihren Smartphones, oder unterhielten sich einfach.

„Hast du gesehen, Li? Da ist eine Gruppe *dà bízimen* vorne im Abteil“, sagte Qing, Lis bester Freund, während er den Kopf verdrehte. „Und die meisten von ihnen tragen so dunkelblaue Kungfu-Anzüge. In einem Zug.“ Einige der anderen drehten sich nun auch um, um sich diese seltsamen Wesen näher anzusehen.

Tatsächlich, da saßen etwa zwanzig Kaukasier weiter vorne im Abteil, leicht zu erkennen an ihren zum Teil blonden oder auch hellroten Haaren, die nicht wie gefärbt wirkten, sondern eher die leichte Farbblässe des Natürlichen aufwiesen.

„Neo“, der in Wirklichkeit Jan hieß und der ein großer Matrix-Fan war, ließ seinen Kopf kreisen. „Ich sehe kein Kamerateam in der Nähe. Also drehen sie wohl keinen Film hier.“

Dokumentationen über *wàiguórénmen* – oft Europäer oder Amerikaner – waren in den letzten Jahren immer öfter auf CCTV, dem chinesischen Staatsfernsehen, zu sehen.

Sie lernten Kalligraphie, ließen sich zu chinesischen Köchen ausbilden oder an chinesischen Krankenhäusern und Universitäten zu Ärzten für traditionelle chinesische Medizin.

Li schüttelte bei dem Gedanken an die komischen Kräuterheiler mit ihren Akupunkturnadeln und Schröpfköpfen den eigenen Kopf. Seine Familie in Wuhan war immer dem Modernisierungsgedanken gefolgt und so ging Li, wenn nötig, zu einem in westlicher Medizin wissenschaftlich ausgebildeten Arzt, nicht zu einem dieser immer seltsam riechenden „Schlangenheiler", die manchmal auch ihre Stände auf Märkten aufschlugen und Leute unter freiem Himmel oder in Zeltverschlägen behandelten. Keiner von seinen Freunden im Zug setzte sich Kräutern, Nadeln, Räucherstoffen und einer Serie von sehr neugierigen und persönlichen Fragen aus, wenn ein Päckchen Tabletten ausreichte.

Die *dà bízimen*, die hier zum Teil im Kungfu-Anzug saßen, mussten echt ein wenig verrückt sein. Da kamen sie aus Ländern, wo man in der Schule aktuelle Sportarten wie Fußball, Basketball oder Baseball betrieb, wofür man hier in vielen Gebieten oft teures Geld an einen Verein bezahlen musste, und gaben Unsummen aus um irgendwo in Hebei, Henan oder Wudangshan in albernen Kostümen die Berge hoch- und runter zu rennen und sich in bäuerlichen Unterkünften hausend stundenlang von einem geldgierigen Schlitzohr durch Gymnastikübungen quälen zu lassen.

Die Begeisterung, die chinesische Kommentatoren bei den vielen Dokumentationen über die *wàiguórénmen*, die mittelalterlichen chinesischen Mist lernten, zeigten, konnten Li und seine Freunde in keinster Weise nachvollziehen. Sie wären selbst allzu gerne nach *déguó* oder *měiguó* gereist, sei es als Urlaubsreise oder auch, um dort zu studieren oder zu leben. Sie wollten moderne, schicke Kleidung tragen, wie die Leute in den Fernsehserien aus Amerika, Europa oder Hong Kong, die sie als Boxsets auf den Märkten kauften und die sie dann an den Wochenenden gemeinsam guckten.

Und diese riesigen, breiten Kaukasier kamen hierher um in albernen Pyjamas in altmodischen, heruntergekommenen Unterkünften zu wohnen – wenn auch besser zum Beispiel als Lis Eltern in seinem Heimatviertel. Sicher, Kungfu-Soaps und –filme waren unterhaltsam und natürlich gab es auch Chinesen, die solche Schulen besuchten, aber eigentlich waren das doch alles Verrückte.

In den nächsten zwei Stunden beobachteten Li und seine Freunde die Ausländer, während sie weiter spielten, Musik hörten und sich unterhielten. Plötzlich kam Bewegung in die Gruppe, die sich bis dahin eigentlich nicht wirklich anders verhalten hatte als die chinesischen Reisenden.

Eine junge Frau in einem dunkelbraunen Kungfu-Anzug, über den sie eine leuchtend grüne Steppweste trug, und die ihre hellroten Haare mit einer hölzernen Schlangennadel in einem daoistischen Dutt fixiert hatte, stand auf. Immer wieder zur Gruppe zurückblickend ging sie durch den Gang, blieb dann stehen und setzte das Stativ ab, das sie an einem schicken Trageriemen über die Schulter getragen hatte.

Offensichtlich sprach sie fließend hànyǔ, das offizielle Mandarin, das in China Staatsprache ist. Kurz redete sie leise mit den Umstehenden, die ihr bereitwillig Platz machten, damit sie das Stativ aufklappen konnte. Drehten die hier doch eine Dokumentation?

Als nächstes setzte die junge Frau, die seltsame rote Flecken im Gesicht hatte, wie Li sie noch nie gesehen hatte, eine hochwertige digitale Videokamera auf den Stativkopf, klappte den integrierten Bildschirm nach unten und fuhr die Mittelsäule des Stativs dann fast bis an die Waggondecke hoch.

Zu diesem Zeitpunkt stand ein weiterer, sehr großer, breiter und junger wàiguórén in der Mitte der Gruppe auf, wobei er den Nacken drehte und mit seinen Schultern rollte und den Rücken Wellen schlagen ließ, wie eine sich windende Schlange. Wollten die etwa in einem vollbesetzten Zugabteil eine Kungfukampfszene drehen? Schließlich trug auch der junge Mann einen Kungfu-Anzug – allerdings in dunkelblau und einen Haarknoten hatte er mangels Haaren gar nicht. Dafür gab es da so einen Bart am Kinn, wie bei einem Ziegenbock.

Alle Gesichter im Abteil drehten sich zu ihm hin, während die Frau die Kamera genau auf ihn ausrichtete, wobei sie das Zoom mit einer Fernbedienung bediente. Dann nickte sie dem jungen Mann zu, der noch ein paar kleinräumige Dehn- und Lockerungsübungen machte, bevor er sich sehr gerade hinstellte, seinen Kopf genau nach vorne ausrichtete und langsam die Arme hob, bis sie etwas unterhalb der Schultern einen nach vorne offenen Kreis bildeten.

Einige der umstehenden und –sitzenden Chinesinnen und Chinesen begannen zu murmeln oder auch zu lachen, während die junge Frau einige letzte Einstellungen an der Kamera vornahm kurz in die Richtung des jungen Manns nickte und sich neben dem Stativ auf den Waggonboden setzte. Und dann …

… passierte nichts weiter. Das heißt, die vorherigen Tätigkeiten der Reisenden setzten langsam wieder ein, wenn auch jetzt öfter zu den *wàiguórénmen* – besonders zu DEM *wàiguórén* – hingesehen wurde. Aber bei dem passierte nichts. Er stand einfach da, während die Kamera sein Stehen aufzeichnete.

Li wurde des Zuguckens müde und unterhielt sich ein wenig mit „Neo", der meinte, dass dies wahrscheinlich ein Stunt einer kaukasischen Kampfkunstschule sei, um Schüler zu ködern – wenn ich auch niemand aus der Gruppe erklären konnte, wie etwas dermaßen Langweiliges Interessenten anlocken sollte.

Li sah sich wieder um. Es waren mittlerweile etwa 40 Minuten vergangen und der *wàiguórén* schien sich keinen Millimeter bewegt zu haben.

Um ihn herum waren die Mitreisenden ein wenig ruhiger geworden, als es Chinesen auf Reisen normalerweise zu sein pflegten. Li, dessen Beine vom langen Sitzen wehtaten, stand auf und merkte dabei, dass in Sympathie mit dem Anblick des „Stehers" seine Schultern begannen, sich zu verkrampfen, so als ob er – Li selbst – seit nun bald schon 50 Minuten die Arme beinahe im rechten Winkel leicht gebeugt vor dem Körper in die Höhe hielt. Lange würde der *dà bízi* das bestimmt nicht mehr aushalten.

Li beschloss, selbst ein wenig stehen zu bleiben – an die Wand gelehnt natürlich – und dann auf Toilette zu gehen, sobald der *dà bízi* die Arme runtergenommen hatte.

Eine halbe Stunde später hielt es Li nicht mehr aus. Er hatte beobachtet, wie verschiedene chinesische Jugenliche mit ihren Smartphones Photos von dem „Steher" machten. Ein paar hatten sogar kleine Filmchen gemacht und diese bei *tuduo* oder *youku* eingestellt – chinesischen Video-Websites, die sehr ähnlich wie Youtube funktionieren.

Auch ein paar von Lis Begleitern hatten über *sina weibo, das chinesische Twitter,* bereits entsprechende Hinweise bekommen und wussten so, dass einige ihrer bisher anonymen Internet-Freunde sich hier mit ihnen im Abteil befinden mussten.

Nun versuchten sie mit Hilfe der Aufnahmewinkel der Filme und Bilder zu erkennen, von welcher Stelle im Abteil sie aufgenommen worden waren.

Kopfschüttelnd ging Li nach vorne zur Toilette. Drei alberne junge Mädchen mit seitlichen Zöpfen und Manga-Makeup unterhielten sich kichernd mit der Rothaarigen, die mittlerweile auf einem Sitzplatz neben dem Stativ saß und Li, als er an ihr vorbeiging, freundlich grüßend zunickte.

Erwartungsgemäß war vor der Toilettentür eine Schlange.

Zwei ältere Bauern unterhielten sich: „... zwei Stunden. Jeden Tag. Jedenfalls hat mein Vater mir das so erzählt und der hat es von seinem Onkel gehört."

„Jeden Tag zwei Stunden so stehen? Das geht doch gar nicht. Und wozu soll das überhaupt gut sein?"

Li rückte näher. Das hätte er nun auch gerne gewusst. Der erste Bauer, der ein ziemlich speckiges rotes Hemd trug, meinte: „Nun, angeblich können sich diese *neidan*-Leute soweit entspannen, dass sie diese Haltungen sogar noch länger aushalten. Und Boddhidarma Damo soll ja sogar mehrere Jahre in einer Höh le meditiert haben."

Der andere Bauer zog verächtlich die Nase hoch und spuckte dann zielsicher in die Ecke des Raums. „So'n Quatsch. Du hast zuviele Shaolin-Filme geguckt, alter Mann. Gleich erzählst du noch, du hättest Schwertkämpfer über Baumwipfel rennen sehen." Hochziehen, neuerliches Ausspucken. Der Anblick dieses überaus ländlichen Verhaltens ließ eine gewisse Übelkeit in Li aufsteigen.

Trotzdem stieg er nun mit in das Gespräch ein: „Aber wozu bitte macht man das denn?“ Der Bauer im roten Hemd drehte sich um und Li sah, dass er ein Ch’an-Gebetskettchen am Handgelenk trug.
Er lächelte Li freundlich zu und antwortete schelmisch: „Ah, ein Grashüpfer, der lernen möchte.“

Der andere Bauer schnaufte verächtlich durch die Nase und spuckte zur Abwechslung mal in eine andere Ecke: „Grashüpfer? Ha!“
Dann verschwand er in der gerade wieder frei gewordenen Toilette.

„Nun, Grashüpfer, die Stehübungen sind angeblich eine der wichtigsten Grundlagen der Kampfkünste. Sie sollen einen lehren, sich in einer klaren Körperstruktur so gut wie möglich zu entspannen …“

Ungläubig unterbrach Li den älteren Herrn – eine Unhöflichkeit, die er normalerweise nie begangen hätte: „Wie, so entspannt der *dà bízi* sich?“

Der Bauer ließ die Unterbrechung an sich abperlen und fuhr fort: „…, was dann dazu führt, dass der Praktizierende einen besseren Qi-Fluss durch den Körper entwickelt und mit der Zeit immer schneller wird. Denn entspannte Muskeln können sich schneller bewegen als angespannte.“

Das klang gut, widersprach aber sehr den Bildern, die Li aus dem Fernsehen kannte. Da spielten in den Armen der Kungfu-Kämpfer die Muskeln im Kampf unter der Haut und sie wirkten in keinster Weise entspannt. Aber er hörte weiter zu, weil er seine Unhöflichkeit dem Alten gegenüber nicht verschlimmern wollte, indem er ihn noch einmal unterbrach.

„Außerdem bauen diese Übungen mehr und mehr Kraft auf.
‚Wie eine Eisenstange in einer Seidenbrokathülle‘ hat mal irgendein daoistischer Gelehrter geschrieben. Studien aus Huangzhan besagen sogar, dass Praktizierende sehr viel seltener krank werden und chronisch Kranke dadurch deutliche Besserungen erfahren.“

Solche Behauptungen hatte Li nun schon oft gehört, wenn er sich mit Freunden der traditionellen chinesischen Medizin unterhielt. Kräuter, Nadeln, Schröpfen, Tai Chi und nun auch noch Rumstehen. Man musste sich fragen, wie die traditionellen Chinesen es jemals geschafft haben, an irgendetwas zu erkranken.

„Dieses Wissen war natürlich nie allzu weit verbreitet und es wurde noch seltener konsequent in die Praxis umgesetzt", fuhr der Bauer fort, als wenn er Lis Gedanken gelesen hätte, „und ich habe gehört, dass es heutzutage außerhalb von China viel mehr Praktizierende gibt, als bei uns." Das Gesicht des Bauern wurde kurz traurig, während er Lis Gesicht musterte. „Die *wàiguórénmen* wissen oft mehr darüber, als so nette chinesische Schulbuben wie du und deine Freunde. Einige der wichtigsten Schätze der chinesischen Kultur und Wissenschaft werden heute hauptsächlich außerhalb Chinas gepflegt." Tatsächlich schienen Tränen in den Augen des alten Mannes aufzusteigen. „Es ist eine große Beschämung, dies zu sehen", schloss er leise.

Die Kabinentür öffnete sich und die beiden Bauern wechselten den Platz. Mit einem „Lass' dir von dem alten Trottel bloß keinen Blödsinn erzählen" stiefelte der „Spucker", sich noch die Hose zuknöpfend, an Li vorbei, der nun alleine vor der Kabine stehen blieb.

Versuchsweise hob er die Arme, so wie der *wàiguórén*, aber schon nach einer Minute begannen seine Schultern zu brennen und nur wenig später ließ er sie einfach fallen. Und er schämte sich.
Als die Kabinentür wieder aufging, schob sich Li wortlos grüßend an dem alten Bauern vorbei in das überaus „aromatisierte" Halbdunkel.

Auf dem Rückweg hatte er sich fast davon überzeugt, dass dieses Rumstehen etwas für Verrückte und alte Leute sei und so war er überrascht zu sehen, dass die drei Mädchen, die sich vorhin mit der Rothaarigen unterhalten hatten, nun um den „Steher" herum standen und sich in Pose warfen, während eine ältere Dame in Bürokleidung Photos von ihnen machte. Der „Steher" selbst schien sich immer noch um keinen Millimeter bewegt zu haben und verzog auch dann keine Miene, als ihm zwei der Mädchen für ein Photo erst die Arme um die Schultern legten und ihn dann für ein weiteres Bild links und rechts einen Kuss auf die Wangen drückten. Schlagartig wallte Eifersucht in Li auf, der bisher noch nie eine Freundin gehabt hatte und die Berührung von Frauenlippen nur von seiner Mutter und seinen Tanten kannte. Und dieser *dà bízi* hatte zwei solche Models am Hals und zuckte mit keiner Wimper.

Die Mädchen zogen sich allerdings bereits verlegen lachend zurück, leicht errötend ob ihrer eigenen Verwegenheit, einen fremden Mann in der Öffentlichkeit geküsst zu haben. Ihre Freundin bekam von der Büroangestellten die Kamera zurück und sie setzten sich wieder hin.

In den nächsten Stunden ließen sich noch mehr Leute mit dem „Steher" photographieren oder versuchten ihn durch Faxen und Grimassen zu einer Reaktion zu bewegen. Immer öfter kamen sogar Passagiere aus den anderen Waggons – einige offensichtlich sogar aus der ersten Klasse – um sich das reglose Spektakel anzusehen. Schließlich stand sogar „Neo" auf und ließ sich mit dem Arm um den „Steher" photographieren, während er die andere Hand zum Victory-Zeichen hob.

„Warum hast du das denn gemacht?" zischte Li, als „Neo" zurückkam. Zur Antwort setzte dieser sich neben ihn und holte sein Smartphone heraus. Er rief *youku* auf und zeigte Li kommentarlos das Bild eines Angehörigen eines Turkvolks, der mitten in einer Einkaufspassage in Shanghai stand.

Li drückte auf „Los" und ruhige Musik erklang, während ein Film im Zeitraffer ablief, der zeigte, wie diese Person von mittags bis zur Mitternacht dort stand, Teil vieler Photos wurde, angegafft und umtanzt wurde.

Manchmal stellten sich sogar einige Leute für einige Minuten in der gleichen Position neben ihn. Einmal hielt ein Polizeiwagen und die beiden aussteigenden Polizisten wurden von einer anderen Person in einem Kungfu-Anzug beruhigt. Der Film dauerte 15 Minuten, hatte einige tausend Kommentare aus der ganzen Welt und 90 % positive Bewertungen.

Als der Film zuende war, sah Li ein ganzes Vorschaufenster mit Filmen von stehenden Ausländern. Am Strand, in Beijing, auf Hainan, in Berlin – einfach überall. Und immer wieder gingen junge Menschen zu ihnen hin und schienen das zu bewundern.

Li hatte noch nie jemand bewundert, egal, wie viel er zuhause half oder wie fleißig er in der Schule war. Und diese Männer und Frauen standen nur den ganzen Tag lang bewegungslos herum.
Es war einfach empörend.

Wutentbrannt sprang Li auf, rempelte sich durch den Waggon und baute sich mit hochrotem Kopf vor dem „Steher“ auf. „Warum? Was soll das? Wieso machst du das hier, wo alle es sehen können und dir nicht ausweichen können? Wo ist der Sinn? Sag es mir!“ Er wurde immer lauter und sein Speichel hinterließ Flecken auf dem dunkelblauen Stoff der Ärmel zwischen Li und dem „Steher“. Dieser reagierte immer noch nicht und trieb Li damit zur Weißglut. Er holte aus, zog schnaubend die Luft ein für den Schlag …

… und fiel dann in sich zusammen. Hilflose Wut schien ihm die Kraft aus den Muskeln zu ziehen, während ihm heiße Tränen in die Augen traten. Eine schwere Hand legte sich auf seine Schultern und als er aufsah, sah er erst ein speckiges rotes Hemd und dann darüber das Gesicht des alten Bauern. „Viele Dinge erscheinen einem heutzutage besser als die Dinge der Vergangenheit – und als ein Feldarbeiter seit über 40 Jahren würde ich dem zustimmen. China ist in vielerlei Hinsicht besser geworden als früher.“

Verständnislos sah Li den Alten an, der ihm mit der anderen Hand ein beinahe sauberes Taschentuch reichte.

Während Li sich die Augen trockentupfte, sprach der alte Mann weiter: „Zu den Zeiten, als China immer wieder durch innere Konflikte zerrissen wurde und Chinesen gegen Chinesen Krieg führten, wurden einige der machtvollsten Grundlagen des Kungfus in den daoistischen und buddhistischen Klöstern geheim gehalten. Dann änderte sich die Welt – und auch China folgte einer Richtung dieser Veränderung. Dabei wurde für einige Zeit das Alte für schlecht erklärt und unterdrückt. Und so gaben einige *shīfu* besonderen Schülerinnen und Schülern den Auftrag, ihre geheimen Lehren in die Welt hinauszutragen um sie dort zu bewahren. Jetzt langsam kommen diese Lehren wieder nach China zurück."

Zufrieden besah sich der Bauer die freundlich zurückblickenden *wàiguórénmen* und stieß dann unversehens heftig gegen einen Arm des „Stehers", der mit dem ganzen Körper dem Stoß nachgab und dann wieder in seine Ausgangsposition zurückzufließen schien. „Perfektes *fang song*", sagte der Bauer breit grinsend und verneigte sich leicht vor dem „Steher", der kurz mit dem Kopf nickte.

Der Bauer wandte sich wieder an Li: „Mehr Menschen als je zuvor beschäftigen sich sehr intensiv mit diesen alten Lehren und schaffen dabei internationale Verbindungen an der Politik und der Wirtschaft vorbei. Und so erfüllt das Kungfu den Anspruch der Kampfkunst als Friedensbringer mehr und mehr."

Nachdenklich ließ der alte Mann wieder den Blick durch das Abteil streifen. „So lange wie heute hat sich bisher kaum jemand von den Leuten im Zug mit den alten Künsten beschäftigt – und es gleichzeitig zu Millionen Menschen im Internet geschickt, die sich jetzt auch damit beschäftigen können – mit Dingen, die früher nur Einzelne bei Lehrern irgendwo in den Bergen lernten, was die Verbreitung der Künste sehr eingeschränkt hat. Ihr jungen Leute lebt heute wirklich in einer Welt, in der die Träume der alten Meister Wirklichkeit werden könnten – auch wenn sie erst über den Umweg des Auslands wieder zu uns kommen müssen."

Eine angenehme Wärme breitete sich von der Stelle, an der die Hand des Bauern auf Lis Schulter lag, langsam in Lis Körper aus und beruhigte seine aufgewühlten Gefühle. Diese Wärme hielt auch an, als der Alte längst gegangen war. Zögernd sah Li zum „Steher" auf und überlegte, ob er sich für seinen Auftritt entschuldigen sollte. Doch als er dem „Steher" ins Gesicht sah, wurde ihm klar, dass dies nicht erforderlich war – ja, sogar überflüssig.

Nachdenklich ging Li zu seinem Platz zurück und saß mit dem Gefühl der Wärme langsam schwächer werdend da, ohne auf die Fragen seiner Klassenkameraden zu reagieren. Dann holte er sein eigenes Smartphone heraus und rief Videos von mehr stehenden Menschen in aller Welt auf – und später auch noch andere, die ihm zum gleichen Thema empfohlen wurden. Für Li hatte an diesem Feiertag eine ganz neue Form der Schule begonnen.

Fragen:

Li und seine Freunde sind in China aufgewachsen und unterwegs zu einem traditionellen Familienfest – und dennoch sind ihnen viele Traditionen ihrer Heimat fremd. Stattdessen kümmern sie sich lieber um das, was sie modern finden. Wie geht es Dir? Welche Traditionen kennst Du aus Deiner Heimat? Welchen Traditionen geht ihr in Eurer Familie/ in Eurem Freundeskreis nach?

Li ist als Chinese mit Kungfu eigentlich eher nicht vertraut. Glaubst Du, dass das hier ähnlich sein könnte? Dass ganz typisch deutsche oder europäische Künste uns gar nicht mehr bekannt sind, obwohl unsere Großeltern sie noch gepflegt haben?

Was denkst Du, warum der kaukasische Kungfu-Schüler in einem chinesischen Zug steht und seine Meditation auch noch filmt? Meditation ist ja eigentlich etwas, dass man für sich selbst tut, für die eigene Entspannung und um selbst etwas zu lernen. Aber das scheint doch eine Show zu sein, die vor allem auf andere zielt und Aufmerksamkeit heischt. Was denkst Du?

Hintergrund & Geschichte:

Qīngmíng – das Totenfest: Einer der wichtigsten chinesischen Feiertage, der mit der Familie zusammen gefeiert wird und um den 106. Tag nach dem chinesischen Neujahr gefeiert wird. Vor und nach dem Fest ruht in vielen Betrieben die Arbeit, weil Millionen von Chinesen im Land unterwegs sind um mit ihren Familien zusammen zu sein. 清明

dà bízi – große Nase: etwas abfällige Bezeichnung für Kaukasier (die neutrale Form wäre wàiguórén: Ausländer) 大鼻子 外國人

Kaukasier - ein Begriff, der benutzt wird, um weiße Europäer und Amerikaner zu beschreiben.

Déguó: Land der Tugend: Deutschland 德國

Mĕiguó: Land der Schönheit: Amerika 美國

Daoistischer Dutt: ein enger Haarknoten, mit denen eine Schule der Daoisten, die ihre Haare aus religiösen Gründen nie abschneidet, die Haare aus dem Weg schafft um zum Beispiel Kungfu trainieren zu können. Glatzträger tragen gelegentlich Hüte mit künstlichen Haarknoten um nicht aufzufallen.

Neidan: die inneren Kampfkünste, meist daoistisch. 内丹

Boddhidarma Damo: Philosoph aus dem 5./6. Jahrhundert, der den Ch'an-Buddhismus in China verbreitet haben soll und außerdem als Erfinder des Shaolin-Kungfu gilt

Qi: hier (vereinfacht): die Lebensenergie der Menschen 氣

Fang song: eine Ebene der Entspannung, die durch Tai Chi oder Meditation angestrebt wird. 放松

Lena macht den ersten Schritt

Sabine Rieber

Für meinen Shifu Fritz

Schüchtern betrat Lena den Hinterhof, in dem die Eingangstür zur KungFu-Schule sein sollte. Kurz darauf stoppte sie – und hätte sich beinahe auf dem Absatz umgedreht und wäre wieder nach Hause gelaufen.

Eine Gruppe Jungs lauerte vor der Tür herum und wartete.
Düster sahen sie aus, einschüchternd. Fremdländisch.
Vor genau solchen Jungs hatte ihre Oma sie immer gewarnt.

Doch dann fielen Lena wieder die Schmerzen ein. Die Schmerzen in ihrem Rücken, wenn sie mit voller Wucht gegen den Tisch oder die Schränke in der Küche knallte, weil ihr Bruder Thomas sie wieder rumschubste. Oder der Vorfall, als sie wegen ihm beinahe in den Fernseher gefallen wäre. Und dann der Nachmittag, als er sie fast die Treppe hinunter gestoßen hatte. Wie sie sich gerade noch am Treppengeländer hatte festkrallen können und wie ihre Handgelenke und Arme danach weh getan hatten.

In dieser Nacht hatte sie kein Auge zugetan.

Mit ihrer Mutter darüber reden? Das ging nicht. Das hatte sie schon mal versucht.

Abends war ihre Mutter müde vom Arbeiten und wollte von keinen Problemen wissen. Am Wochenende hieß es: „Du musst deinen Bruder verstehen, ihm macht unsere Scheidung schwer zu schaffen.“

Als ob Lena nicht daran knabberte, dass ihre Eltern sich getrennt hatten. Die vielen Streitereien davor und noch schlimmer, das eiskalte Schweigen, mit dem ihr Vater sie bedachte.

Am nächsten Tag in der Schule schüttete Lena ihrer Klassenkameradin Sandra endlich ihr Herz aus und fragte sie um Rat. Sandra überlegte einen Moment, dann sagte sie:

„Du, der Matteo, der macht so was wie Taekwondo. Vielleicht kannst du dort lernen, wie man sich wehrt.“

Matteo verneinte. Er mache kein Taekwondo, er lerne KungFu.

Ob Karate, Taekwondo oder KungFu, Lena war das erst einmal gleich. Hauptsache, sie konnte dort lernen, wie sie sich gegen die Angriffe ihres Bruders verteidigen konnte.

„Nimm mich das nächste Mal nach der Schule mit.“, bat sie ihren Klassenkameraden. Matteo schaute nicht sehr glücklich drein, nannte ihr jedoch die Adresse der KungFu-Schule und beschrieb ihr den Weg.

Am nächsten Mittwoch fuhr Lena hin. Ohne Matteo. Der war nicht aufgetaucht.

Jetzt stand sie hier im Hinterhof, beäugte misstrauisch die Jungs und überlegte, ob sie lieber wieder gehen sollte. Vielleicht hatte ihre Mutter doch recht und das mit ihrem Bruder war gar nicht so schlimm, wie sie empfand? Bestimmt wurde es bald wieder besser.

In dem Augenblick kam ein Erwachsener in den Hinterhof. Er trug Trainingskleidung und lächelte Lena schon von Weitem an.

„Na, möchtest du auch KungFu lernen?“, seine Stimme klang nett.

Lena nickte zaghaft.

„Na, dann komm mal mit mir mit. Ich heiße übrigens Fritz. Und wie heißt du?“

„Lena“, piepste sie. Sie war schrecklich aufgeregt.

Fritz lief wie selbstverständlich durch die Gruppe der furchterregend aussehenden Jungs, von denen die meisten größer waren als er. Lena hielt sich dicht hinter ihm und folgte ihm in den Flur.

„Hier geht es zu den Umkleidekabinen der Mädchen. Evelyn hat sich abgemeldet, sie ist leider krank. Doch Katja sollte noch kommen. Sie kommt immer ein bisschen zu spät.“, er zwinkerte ihr verschwörerisch zu. „Dann bist du nicht ganz alleine mit all den Jungs.“

Schnell zog Lena sich um und ging danach in die Trainingshalle, die viel heller und schöner aussah als der dunkle Hinterhof.

Fritz ermunterte sie, gleich mitzumachen. Alle stellten sich in einer Linie auf, grüßten auf einen kurzen Ruf des Trainers mit der typischen KungFu-Handbewegung und verbeugten sich dabei kurz.

Zuerst kam das Aufwärmtraining, das von Katja geleitet wurde. Sie war doch noch gekommen. Dann ging es weiter mit 'Grundschule', wie Fritz es nannte. Alle mussten sich in einer Reihe aufstellen und dann mit bestimmten Bewegungsabfolgen die Halle durchqueren. Wer am anderen Ende der Halle angekommen war, drehte sich um und wiederholte die Schritte mit den dazugehörigen Armbewegungen, bis er wieder an seinem Ausgangspunkt stand.

Lena, für die das alles noch neu und unbekannt war, stolperte mehr schlecht als recht hinterher und versuchte, den anderen alles nachzumachen. Fritz nickte ihr ab und zu aufmunternd zu.

Danach ging es weiter mit 'Kuen'-Training. Der Shifu (Meister), wie Fritz von allen genannt wurde, nahm sie beiseite und zeigte ihr die ersten Bewegungen der ersten Form, während Katja mit den anderen die zweite und dritte Kuen übte.

Anschließend hieß es „Schützer!“ und die Schüler rannten zu ihren Trainingstaschen und holten Boxhandschuhe, Fußschützer und für die Jungs auch den Tiefschutz raus und zogen sie sich über.

Einer der Jungs hatte ein zweites Paar Boxhandschuhe mit, die er Lena an diesem Tag lieh. Alle der Jungs waren übrigens sehr freundlich, viel netter als die Typen, die ihr Bruder seine Freunde nannte.

Katja übte die ersten Boxtechniken mit Lena. „Heute nur Hände.“, sagte sie und lächelte. „Wenn du das nächste Mal wieder mitmachst, darfst du vielleicht auch schon Tritte üben. An manchen Tagen, da trainieren wir auch Selbstverteidigung, speziell für Frauen und Mädchen.“, zwinkerte Katja.

Lena strahlte und ließ prompt ihre Hände sinken. Daraufhin gab Katja ihr mit einem Boxhandschuh einen Stups gegen die Nase und erklärte: „Niemals die Deckung vernachlässigen.“

Schnell nahm Lena ihre Hände wieder hoch. Nur ab und zu schielte sie zu den Jungs, die mit Händen und Füßen kämpften.

Viel zu schnell schon hieß es „Schützer aus! Alle in eine Linie!“ und sie kniete mit den anderen nieder. Einige Minuten wurde in völliger Stille meditiert, dann war der Unterricht auch schon zu Ende und sie verabschiedeten sich mit dem speziellen KungFu-Gruß.

An diesem Abend kehrte Lena mit geradem Rücken und einem Strahlen im Gesicht nach Hause zurück.

Sie weiß bis heute nicht, ob ihre Mutter doch noch mit ihrem Bruder ein ernstes Wort geredet hat. Wichtig war nur, dass er sie seit ihrer ersten KungFu-Stunde nie wieder angerührt und ihr nie wieder weh getan hat.

Ihre Mutter murrte zwar erst etwas, doch schließlich unterschrieb sie den Vertrag. Katja und die anderen halfen ihr, die erste Ausrüstung zusammenzustellen. Viele gaben ihre bereits abgelegten Sachen zu Flohmarktpreisen ab, Katja schenkte ihr sogar eine Trainingshose und ihr Shifu sorgte dafür, dass sie ihre ersten Boxhandschuhe von ihrem Taschengeld abstottern konnte.

Damals war Lena dreizehn Jahre alt.

Sechs Jahre lang ging Lena regelmäßig zum KungFu, fehlte nur, wenn sie krank war und gewann dort viele neue Freunde. Zu einigen hält sie Kontakt bis heute. Inzwischen ist Lena fast vierzig Jahre alt.

Ach, und Matteo ... der war beim nächsten Mal auch wieder aufgetaucht. Ein paar Jahre später wurden sie ein Paar.
Noch ein paar Jahre später haben sie sogar geheiratet.

Fragen:

Kennst Du auch Kinder, die so aggressiv auf ihre Geschwister oder gar andere Kinder losgehen?

Was glaubst Du, woran das liegt?

Meinst Du, Kampfkunst-Training kann diesen Kindern helfen?

Was glaubst Du, wie hat Lena sich durch das KungFu-Training verändert?

Mimo

Tanja Ewerhardy

Mimo knallte das Geschirr ins Regal. Er kochte noch immer vor Wut über seine Mutter, die ihn zur Hausarbeit verdonnert hatte. Er sollte jetzt einen festen Teil davon übernehmen; abwaschen, einmal die Woche die Böden aufwischen.

Sie hatten sich laut gestritten und sie hatte gesagt, mit elf Jahren könne man sehr wohl seinen Teil der Arbeit leisten. Er hatte sie darauf zurück angeschrien, hätte sie ihren Mann nicht vergrault, müsste sie nicht so viel arbeiten gehen und könnte das machen, was andere Mütter machen, nämlich sich um ihre Familie kümmern. Daraufhin war sie, ein Taschentuch vor dem Gesicht und weinend, wieder zur Arbeit aufgebrochen.

Ein bisschen schlecht fühlte sich Mimo jetzt schon.

Er hatte keine Geschwister, in der Wohnung war es nachmittags still. Das war wenigstens der Vorteil dieser Situation, niemand nervte ihn. Er machte lustlos seine Hausaufgaben, kramte ein bisschen in seiner Schultasche herum und fand dann den Zettel, den ihm wohl Yo in seine Tasche gesteckt haben musste: „Mimo, der Schläger, wir zittern vor dir!“ Darunter war eine hässliche Fratze gemalt.

Die Erinnerung an die Jungs peinigte Mimo. Seine Mitschüler wohnten größtenteils im selben Viertel des kleinen Dorfes und niemand wollte sich so richtig auf Mimo einlassen. Lag es daran, dass er ein „Scheidungskind“ war? Dieses Wort kannte er aus den Zeitungen.

Er hatte schon oft darüber nachgedacht, warum er so „anders“ war, oder warum die anderen ihn als anders wahrnahmen.

Er selbst fand sich ganz normal. Er entdeckte nichts, so oft er sich auch das Hirn zermarterte, was ihn für die anderen zum „Opfer“ machte. Ob er irgendwann einmal etwas Falsches gesagt hatte, ob er besonders hässlich war, er wusste es nicht.

Aber er hatte sich in seinem Leben darauf eingerichtet, ohne die anderen auszukommen. Wer so blöd war, hatte seine Freundschaft auch gar nicht verdient, dachte er sich. Er schloss seine Schultasche. Sechzehn Uhr.

Wie so oft an schönen Sommertagen machte er sich auf den Weg zum Forellensee, um im nahen Wäldchen umherzustreifen. Er hatte begonnen, sich dort einen Hochsitz zu bauen. Er war mit Hammer und Säge so geschickt, dass er fast alles aus Holz bauen konnte. Die Haustür fiel hinter ihm ins Schloss, er schulterte seinen Rucksack und überquerte die Straße, die verlassen in der Mittagshitze lag. Eine faule Katze räkelte sich in der Sonne auf einem Mäuerchen und blinzelte ihn an. Doch als er sie gerade ein wenig kraulen wollte, sah er die vier Jungs drei Häuser vor sich aus dem Gartentor herauskommen.

Mist, sie hatten ihn gesehen.

Mimo wollte sich unbemerkt umdrehen. Er duckte sich ein wenig zur Seite, doch da hörte er schon Jumos Stimme. „Passt auf, der Schläger kommt. Guck mal, er will sich verstecken.“

Zu spät zum Weglaufen, erkannte Mimo im Bruchteil einer Sekunde und spürte, wie der alte Hass auf die anderen und das peinliche Gefühl, in der eigenen Haut zu stecken, und nicht weglaufen zu können, in ihm aufstiegen. Er richtete sich auf, zog seinen Rucksack von der Seite und griff hinein. Gut, dass er den Hammer dabei hatte, dachte er. Irgendwie gab ihm das ein Gefühl der Sicherheit.

Hinter der Gardine des Nachbarhauses sah er eine Person. Die Gardine wackelte, doch die Person schien zu verschwinden. Schnell kamen die vier Jungs näher, sie bildeten eine breite Front über den Gehsteig und bauten sich vor ihm auf wie eine undurchdringliche Mauer. „Na, du Honk, wo geht's denn hin?"

„Lass mich in Ruhe, du Blödmann." Mimo versuchte, seiner Stimme Kraft zu geben. Wenn er schon von der „Gang", wie er die Clique nannte, überfallen wurde, dann wollte er wenigstens selbstbewusst klingen.

„Oh, du hast bestimmt noch was Wichtiges vor", verhöhnte ihn Yo, der einen Kopf größer war als Mimo und schon eine Klasse über ihm.

„Lass den Feigling, der ist doch ein armes Würstchen. So ohne Vater und wer weiß, was seine Mutter immer so treibt, die ist doch auch nie zuhause.", lästerte Liu und seine Augen übergossen Mimo mit Verachtung.

Mimo unterdessen sah, wie sein Gesichtsfeld sich mit roter Farbe füllte, dunkelroter Hass stieg in ihm auf und alles, was er jetzt noch wahrnehmen konnte, waren die Worte von Liu.

„Guckt mal, der wird schon wieder wütend, Vorsicht, Leute, er prügelt gleich wieder."

Und sie alle lachten Mimo laut aus. Mimo fühlte sich so ohnmächtig, seine Wut war so grenzenlos, er wusste, dass er ausgestoßen und verhasst war und er wollte für sich kämpfen. Langsam griff er in den halboffenen Rucksack, zog den schweren Hammer heraus, ließ den Rucksack zu Boden gleiten und richtete seinen Oberkörper auf. Klar denken und sprechen konnte er nicht mehr, aber sein Hass, sein ganzer Hass auf die Welt formierte sich in einem lauten, tierhaften Schrei.

Schreiend lief er auf Yo los, den Größten in der Gruppe und schwang den Hammer kreisend über seinem Kopf. Etwas in Mimos Augen muss Yo bedeutet haben, dass Mimo es ernst meinte.

Yo wich zurück und lief zu Jumo. Mimo schwenkte herum, schrie aus der Tiefe seines Herzens, schrie alle Verletzungen der letzten Jahre aus sich heraus und rannte nun auf Liu zu. Dieser hob den Arm um sich reflexhaft zu verteidigen und Mimo traf ihm mit dem Hammer am Oberarm.

„Au, der ist doch verrückt. Der spinnt. Der ist total duchgeknallt."

Yo reagierte schnell und rief: „Lasst uns verschwinden, das ist ein Verrückter, nicht dass der jemandem noch was antut. Den sollte man einsperren."

Jumo griff nach Mimos Rucksack und alle vier liefen davon.
In sicherer Entfernung drehten sie sich noch einmal um und konnten plötzlich wieder lachen. Ein hässliches Lachen. Sie äfften ihn nach und verhöhnten ihn.

„,... Schläger! ... sooo hohl ...", verstand Mimo noch. Wie ein Hund zog er mit eingezogenem Schwanz davon, trotz seiner Gegenwehr fühlte er sich wie ein Aussätziger.

Er zitterte noch ganzen Leib, als er fünf Minuten später am See ankam. Sein Rucksack mit der Säge war weg, gestohlen von Jumo. Darin waren auch seine Comics gewesen. Und zum Hochsitzbauen war ihm sowieso jede Lust vergangen. Das Leben war einfach zum Weglaufen.

Er setzte sich auf einen flachen Stein am Ufer, krümmte sich zusammen und stützte sein Kinn auf die Arme. Nichts konnte er jetzt tun, zu nichts hatte er Lust. Er beobachtete die Vögel, die frei in den Baumwipfeln umherwirbelten, und wünschte sich ganz weit weg zu sein. Da hörte er ein Rascheln hinter sich. Mit einem Ruck griff er zum Hammer.

„Na, sachte, mein Kleiner, nicht jeder möchte gleich etwas Böses von dir."

„Meister Li, guten Tag!" Mimo kannte den freundlichen alten Herrn, der trotz seines schlohweißen Zopfes und seiner Glatze eine Kampfkunstschule leitete und selbst in seinem Alter noch Unterricht gab. Jeder im Dorf kannte Meister Li, Mimo ließ die Hand mit dem Werkzeug sinken und entspannte sich ein wenig.

„Mein Junge", sagte der Meister mit sanfter Stimme, „es ist nicht gut, wenn man schon in deinem Alter so traurig ist."

„Sind Sie mir gefolgt, Meister?"

„Ich habe dich auf meinem täglichen Spaziergang hier sitzen sehen und gesehen, dass du weinst. Nein, du brauchst dich nicht zu schämen, ich werd's bestimmt nicht weiter erzählen. Aber ich wollte auch mal sehen, ob ich dir helfen kann."

Für Mimo klangen die Worte ungeheuer sanft, sie kamen genau im richtigen Moment und er fühlte sich so liebevoll beachtet wie schon viele Jahre nicht mehr. Doch es fiel ihm schwer, die Zuwendung anzunehmen.

„Ich komm schon klar, Herr Li, alles in Ordnung." Er setzte sein Pokerface auf, das er auch bei Lehrern benutzte. Doch Herr Li bot ihm ein sauberes Taschentuch an und bat ihn, von seinem Ärger zu erzählen. Mimo widerstrebte nur kurz, dann aber ließ er seinen Widerstand fallen und erzählte Herrn Li alles.

Er berichtete, dass er sich anfangs in der neuen Schule so sehr angestrengt hatte, Freunde zu finden, doch dass alle sich zu

Grüppchen und Pärchen ohne ihn zusammengeschlossen hatten und er nun draußen stand. Er hatte keinen besten Freund. Und er erzählte auch von den Jungs in seiner Straße, die ihn als Opfer ausgesucht hatten und wie peinlich es ihm war, dass sie von der Trennung seiner Eltern wussten.

Seitdem die Familie vor drei Jahren auseinandergebrochen war, war nichts mehr so wie früher und es schien normal zu sein, einander zu verletzen. Es hatte schreckliche Streitszenen zwischen seinem Vater und seiner Mutter gegeben. Es war kein Wunder, dass die ganze Nachbarschaft dies gehört hatte und jetzt alle Bescheid wussten.

Streit erlebte er nun schon seit der schrecklichen Trennung seiner Eltern täglich und wenn er ehrlich war, auch schon eine lange Zeit vorher.

„Hänseln dich die Jungs deswegen?“

Mimo nickte. Aus seiner Nase tropfte es auf seinen Ärmel. Er schämte sich, weiterzusprechen.

„Was genau tun sie?“, fragte Herr Li.

„Sie nennen mich Schläger, und dann ärgern sie mich so lange, bis ich wirklich wütend werde und mich wehren muss.“

„Kinder können manchmal grausam sein“, Herr Li nickte verständnisvoll und er schien gar nicht schockiert über Mimos Verhalten zu sein. „Weißt du, Jumo und Liu sind auch bei mir im Unterricht. Ich werde ihnen, natürlich ohne dich zu erwähnen, mal ein paar Takte zum Verhalten sagen müssen.“

Mimo nickte. Hoffentlich würde Herr Li ihn nicht verpfeifen, sonst würde er alles nur schlimmer machen.

„Mach dir keine Sorgen, ich finde einen Anlass mit ihnen zu sprechen und sie werden nichts über dich hören.“ Herr Li wirkte zugleich väterlich und streng, aber Mimo fühlte sich in seiner Gegenwart so sicher. Er wusste nicht, was es war, aber Herr Li blickte ihn mit einer Art freundlichem Respekt an, die er noch nie erlebt hatte.

„Weißt du“, fuhr Herr Li fort, „jeder hat so seine Probleme und Fehler. Niemand ist perfekt, aber so schlimm sind die Jungs gar nicht. Sie arbeiten an sich, das sehe ich in unserem Unterricht und ich glaube, vielleicht könntet ihr auch friedlich miteinander auskommen. Auch du musst lernen, mit den Fehlern von anderen zu leben.“

Das erschien nun Mimo wahnwitzig und es ließ einen Teil des Vertrauens, dass er gerade in Meister Li gefasst hatte, wieder zerbröckeln.

„Weißt du was, mein Freund, hier herumsitzen und Trübsal blasen ruft doch nur böse Geister und vernebelt uns das Gehirn. Wir werden ein paar Übungen machen und dann wird es dir auch ein bisschen besser gehen. Und mir altem Mann wird etwas Bewegung auch gut tun.“ Li lächelte, als er dies sagte.

Er stand auf, zupfte Mimo am Ärmel, bis dieser sich ebenfalls widerwillig erhob, und dann begann er mit dem *Spiel der Gelenke* zur Lockerung. Die Arme bewegten sich in vertikalen Kreisen vor dem Körper, die Knie wurden gelockert, sowie Hand- und Fußgelenke. Mimo sollte alles genau so nachmachen. Meister Li ging in die Hocke, streckte ein Bein zur Seite aus und ging in eine tiefe Dehnung. Mimo konnte seine Bewunderung darüber kaum verbergen, dass ein alter Mann sich fast bis auf die Erde durchdehnen konnte, viel, viel tiefer als Mimo, der für sein Alter zwar klein, aber sehr beweglich war.

„Und jetzt schubsen wir uns ein bisschen, Mimo, aber nach Regeln, die sicherstellen, dass wir bestimmte Fähigkeiten entwickeln.
Das nennen wir bei uns in der Schule *Push Hands (Tou Shu)*.
Wir stellen uns gegenüber auf, so, richtig, dann heben wir unseren rechten Arm zu einem Bogen in die Höhe und legen die Arme aneinander. Gut, dann geben wir leichten Druck auf den Partner und schubsen in seine Richtung und ab einem gewissen Punkt, schubst der Partner dann zurück.“

Das klang einfach und Mimo, der anfangs nur aus Höflichkeit dem alten Mann gegenüber mitmachte, begann ein bisschen Spaß daran zu finden, weil er merkte, dass es auch eine Art Spiel zwischen den beiden war. Es ging um Vorstoßen und Zurückweichen, aber das Besondere schien zu sein, dass man in den Partner hineinzufühlen schien, um genau den geeigneten Punkt dafür abzupassen.

„Du begreifst die Übung sehr gut", lobte der Meister und Mimo merkte plötzlich, dass er nicht mehr so niedergeschlagen war.

Die Bewegung hatte ihn gelockert, und wie lange hatte ihn schon niemand mehr einfach so, wie er war, als Person akzeptiert und dann sogar noch gelobt?

„Du bist herzlich eingeladen, einmal zu uns in die Gruppe zu kommen. Ich möchte dir noch ein paar solcher Übungen zeigen."

Mimo freute sich und fühlte sich sehr geehrt, doch er wollte auf keinen Fall Liu oder Jumo begegnen, die auch dort trainierten.

Meister Li schien diesen Gedanken zu erraten.
„Keine Angst, wenn Jumo oder Liu dich ärgern, werde ich sie mir vorknöpfen."
„Es ist sehr nett, Herr Li, danke, aber ich glaube, ich bleibe lieber hier."
Meister Li schien keineswegs verärgert zu sein. Er setzte ein schelmisches Grinsen auf und sagte „Du bist mir immer herzlich willkommen, mein junger Freund. Auch wenn du jetzt nein sagst."

„Danke, Meister."

Im Gehen drehte sich Meister Li noch einmal um, schaute Mimo direkt in die Augen und fuhr fort: „Und, Mimo, wie lange möchtest du noch weglaufen?"

Das war der Satz, der während der nächsten Tage beständig in Mimos Kopf herumschwirrte.

Weglaufen? Wieso, er wehrte sich doch schließlich jedes Mal, wenn die Hänseleien unerträglich wurden.

Er hatte die Jungs dazu gebracht, vor ihm wegzulaufen. Und wenn seine Mutter ihren Frust an ihm ausließ, dann gab er ihr Kontra.

Heute Morgen hatte er sich sogar mit seinem Mathelehrer angelegt, der ihn aus heiterem Himmel vor allen beleidigt hatte.

„Na, Mimo, du klebst schon wieder mit deinen Gedanken an der Fensterscheibe und wunderst dich, dass du den Weg nach draußen nicht findest.", hatte er ihn unerwartet angesprochen.

Mimo war tatsächlich mit den Gedanken woanders gewesen und hatte die Ansprache des Lehrers gar nicht verstanden. Am Gelächter in der Klasse hatte er aber sehr schnell gemerkt, dass er beleidigt worden war. Er hatte wieder diese Wut in sich gespürt, ohnmächtig der Verachtung seiner ganzen Welt ausgesetzt zu sein. Wieder das Opfer zu sein, die Demütigungen ertragen zu müssen. Darauf hin war er aufgestanden, blind vor Wut und Hass und unter dem immer lauter werdenden Gegröle der Mitschüler, hatte den schweren Projektor genommen und ihn vorne durch die geschlossene Fensterscheibe nach draußen geworfen. „Ich brauche keine Hilfe, um das Fenster zu öffnen. Vielen Dank auch!"

Dann konnte Mimo die Aufregung jedoch nicht mehr aushalten und war rausgelaufen.

Die Anhörung bei der Schulleitung, der Streit mit der Mutter, die Kürzung des Taschengeldes, das alles waren weitere Glieder in einer langen, langen Kette von Elend in seinem Leben, die ihn in den nächsten Tagen mit größter Wahrscheinlichkeit erwarten würden.

Seit dem Training mit Meister Li am See hatte ihm eigentlich nichts mehr Freude bereitet.

Seit Stunden nun wälzte er sich in seinem Bett herum, starrte Löcher in die Decke. So konnte es nicht weitergehen. Er langweilte sich. Die Zeit kroch klebrig an ihm hoch und lähmte ihn. Noch sechs Stunden bis zum Schlafengehen. Sollte er doch heute Abend zu Meister Li in die Trainingsstunde?

Als er über die Schwelle des Dojo trat und sich verbeugte, löste er eine Welle der Reaktionen aus. Da waren hinten in der Ecke Jumo, Liu und noch ein paar andere etwa Gleichaltrige.
Jumo und Liu starrten ihn an.

In der Mitte stand eine Gruppe etwas Jüngerer, die sich neugierig umdrehten, und Meister Li sprach gerade mit seinem Meisterschüler Naren, als er Mimo sah. Sofort leuchteten Meister Lis Augen auf.

Seine ehrliche Freude gab Mimo den Mut, näher zu treten.

Meister Li und Naren begrüßten ihn mit Handschlag und sehr herzlich. Sie sagten ihm, er könne gerne einige Male zur Probe mit ihnen üben, bevor er darüber nachdachte, Mitglied zu werden. Dann erklärten sie ihm einige Regeln des Dojo, bevor das offizielle Training begann.

Zu Beginn stellten sich alle Schülerinnen und Schüler in einer Reihe auf, nach Körpergröße sortiert. Erfreut stellte Mimo fest, dass er nicht an letzter Stelle stand und auch, dass das kleine Mädchen, das ganz am Ende der Reihe stand, spielerisch von seiner Nachbarin kurz in den Arm genommen wurde und geneckt wurde. Jeder schien mit seinem Platz in der Reihe zufrieden zu sein.

Meister Li stand der Reihe gegenüber, faltete die Hände nach einer für Mimo noch etwas merkwürdigen Art zusammen, begrüßte die Gruppe mit einem einfachen „Hao“ und verbeugte sich vor der Gruppe. Es wirkte sehr feierlich auf Mimo.

Dann waren die Schüler dran. „Laoshi hao“, kam mehr oder weniger gleichzeitig von der Gruppe und alle verbeugten sich vor dem Lehrer. Auf ein Handzeichen hin wusste die Gruppe, dass jetzt erst einmal einige Runden zu laufen waren. Sie setzten sich diszipliniert in Bewegung. Sie liefen viele Runden in der Halle, doch nach einigen Minuten begannen die ersten zu schwächeln.

„Und weiterlaufen, ein bisschen geht noch!“

Meister Li verlangte viel von seinen Schülern. Das wurde Mimo schnell klar. Er spürte bereits heftiges Seitenstechen, wollte sich jedoch keine Blöße geben. Plötzlich wurde er von hinten angerempelt.

„Hey, Schläger, wage dich nicht in unseren Verein!“, zischte Jumo, der jetzt mit bösem Blick an ihm vorbeizog.

Verdammt, dachte Mimo, alles wie immer, und die Peinlichkeit, allein unter Feinden zu sein, schnürte ihm langsam die Kehle zu. Wäre er doch erst gar nicht gekommen!

Doch Meister Li hatte den Vorfall beobachtet. Mit einem Handzeichen winkte er Jumo zu sich und das Nächste, was Mimo sah, war, dass Jumo Liegestütze machte und Naren, der Meisterschüler, in dessen Nähe stand und ihn im Auge behielt. Mimo war zumindest erleichtert, dass seine Demütigungen hier nicht einfach so hingenommen wurden. Er wagte es jedoch nicht mehr, Liu oder Jumo direkt anzusehen.

Nach dem Einlaufen wurden Dehnübungen gemacht, die nicht nur für Mimo, sondern für die ganze Gruppe heftig anstrengend waren. Darauf folgten Partnerübungen in der Art, wie Meister Li mit Mimo am See geübt hatte. Jedes Kind sollte den Nachbarn auf seiner rechten Seite zum Übungspartner nehmen. Auf diese Art blieb nie ein Kind übrig und wenn die Zahl ungerade war, durfte einer immer mit dem Meisterschüler trainieren. Da der Partner häufig gewechselt wurde, gab es nie feste Pärchen und keine ständigen Außenseiter wie beim Sportunterricht in der Schule. Das gefiel Mimo, und die Übungen begannen nach einigen Minuten richtig Spaß zu machen.

Gegen Ende des Trainings übte die Gruppe ein Stück aus der Drachenform des Ch´an Shaolim Si Tao. Meister Li bat Mimo, heute erst einmal nur zuzuschauen und beim nächsten Mal dann die ersten Bewegungen zu lernen. Die Form, eine Folge von Bewegungen, die in einem Kampf gegen einen Gegner eingesetzt werden konnten, fand Mimo wunderschön.

Sie wirkten kämpferisch, konzentriert und geheimnisvoll, und die Schüler, die sie übten, waren tief in ihre Bewegungen versunken. Die Bewegungen erinnerten tatsächlich an einen mächtigen und eleganten Drachen. Plötzlich spürte Mimo die Gewissheit, dass er dies auch lernen wollte.

Beim Abgrüßen erst erinnerte sich Mimo wieder an Jumo und Liu. Die restliche Zeit während des Trainings hatte er vergessen, dass die beiden überhaupt da waren, so konzentriert war er auf all das Neue. Nach dem Verlassen des Dojo hatte Meister Li ihm ernst und freundlich zugenickt und gesagt: „Mimo, das war gut heute. Du bist jederzeit eingeladen, wieder mit uns zu üben."

Mimo erfüllte eine Welle des Glücks. Auch schon vor dem Lob des Trainers hatte er sich so leicht, so beschwingt gefühlt und einfach innerlich ruhig. Auf dem Nachhauseweg war Mimo äußerst wachsam.

Aber Jumo, der wegen ihm während des gesamten Trainings alleine Liegestütze machen musste und dann den Rest der Zeit auf einer Linie hin- und her balancieren musste, lauerte ihm nicht auf. Er ging friedlich nachhause. Sogar beim Anblick des frustrierten Gesichtes seiner Mutter regte er sich nicht auf. Und er schlief müde, aber sehr, sehr glücklich ein.

Den folgenden Schultag ertrug er viel leichter als sonst. Während der folgenden Woche merkte er irgendwann, dass er sich auf das nächste Training freute, und so ging er am Mittwochabend wieder hin. Jumo und Liu schauten ihn nicht an und ignorierten ihn völlig. Damit konnte Mimo leben. Auch er ging ihnen aus dem Weg.

Das Training verlief ähnlich, bis auf eine Übung, in der jeweils einer der Schüler einem anderen auf den Rücken steigen musste, sich an den Deckenbalken hängte und sein Bestes tat, dort dreißig Sekunden hängen zu bleiben. Die meisten schafften es nicht, oder nur kurz. Mimo war zufrieden, dass er von seinen vielen Ausflügen in den Wald geschickt im Bäumeklettern war. Die anderen Kinder beobachteten mit Bewunderung, wie mühelos er am Deckenbalken hing.

Mimo nahm die Bewunderung der anderen wahr. Sie fühlte sich toll an. Auch die Partnerübungen waren heute noch spannender. Es wurden Angriffe und Verteidigungen geübt und nachdem alle die Übung langsam und intensiv gemacht haben, durften sie ihr Tempo steigern und schneller werden.

Besonders spannend war das Chin Na, eine scheinbar einfache Verteidigungstechnik, die mit einem kurzen, aber präzise eingesetzten Drehen den Gegner erst einmal außer Gefecht setzt. Mimo wunderte sich insgeheim, dass auch er als Elfjähriger schon solche Techniken lernen durfte. Die Partnerübungen waren lustig und aufregend zugleich, und alle achteten diszipliniert darauf, dass sich keiner verletzte.

Am Ende kam wieder die Form des Drachen. Heute bat Meister Li einen älteren Schüler namens Xou, Mimo die ersten Schritte der Drachenform zu zeigen. Xou wirkte erfreut über die Bitte und behandelte Mimo mit viel Geduld und sehr nett. Mimo hatte befürchtet, dass Xou lieber mit den Großen trainiert hätte.

Am Ende der Übung sagte Xou noch: „Wenn mal was ist, kannst du mich jederzeit fragen. Du kannst mich auch gerne besuchen, wir haben einen großen Garten und sonntags treffen sich einige aus der Gruppe zum Üben bei uns. Komm doch auch einfach, dann zeige ich dir mehr von der Form."

Mimo war überwältigt. Die Kinder in dieser Gruppe waren wirklich anders als die meisten seiner Mitschüler. Er hatte das Gefühl, dass er sich nicht mehr verstellen musste, dass sie ihn verstanden und ihn respektierten.

Nach vier Wochen teilte Meister Li Mimo und Liu zu einer gemeinsamen Partnerübung ein, die nicht ganz ungefährlich war, da man den angreifenden Partner durch angedeutete Fauststöße in den Bauch und die empfindlichen Körperzonen abwehren musste. Mit Grabesmiene führte Liu seine Übungen durch, aber er achtete auch darauf, dass er Mimo nicht „unabsichtlich" einen fiesen Schlag verpasste.

Mimo dachte daran, was Meister Li vor einigen Wochen gesagt hatte:Dass auch die anderen Jungs an sich arbeiten mussten und dass niemand perfekt war. Er bemühte sich, die Übung richtig zu machen, so dass auch Liu davon profitieren konnte.

Am Ende grüßten sie sich nach den Regeln ab und schauten sich für den Bruchteil einer Sekunde in die Augen. Vielleicht irrte sich Mimo, aber der blanke Hass in Lius Augen war nicht mehr zu erkennen. Allerdings auch keine Sympathie.

Meister Li war als Lehrer in seiner Art bestimmt und setzte sich durch, aber anders als in der Schule, hatten hier alle positiven Respekt vor dem Lehrer, verbeugten sich vor und nach dem Training, niemand widersprach und in der Gruppe hielt sich jeder an die Regeln, um nicht andere bei den Übungen zu verletzen. Das alles gefiel Mimo sehr und nach ein paar weiteren Übungsstunden später freute er sich, als Meister Li ihn fragte, ob er ein festes Mitglied in der Gruppe werden wollte.

Fragen:

Aus welchem Grund schlägt Meister Li Mimo am See vor, einige Übungen zu machen? Wie fühlt sich Mimo hinterher?

Worin erkennst Du während des Trainings in der Kampfkunstschule, dass viel Wert auf gegenseitigen Respekt gelegt wird? Versuche einige Merkmale zu finden.

Kannst Du Dir erklären, warum die Kampfkünste so viel Wert auf Wertschätzung und Respekt legen?

Hintergrund & Geschichte :

Push Hands (Tou Shou): Bei dieser Übung geht es nicht nur um das Schubsen, wie in der Geschichte. Man versucht dabei auch die Körperstruktur und die Körpermitte des Partners zu erfühlen, um so ein besseres Gefühl für die eigene Struktur und die eigene Übung zu bekommen.

Dojo: Aus dem Japanischen übersetzt meint Dojo wörtlich „Ort des Weges“. Der Weg bedeutet hier aber das Training und die ständige Bemühung des Übenden um Fortschritte und innere Weiterentwicklung. Wir sagen Dojo zum Übungsraum, in dem das Training stattfindet. Dort werden bestimmte Regeln eingehalten, z.B. dass man die Schuhe vorher auszieht und sich verbeugt, wenn man den Raum betritt.

Talent

Heero Miketta

„Ein großes Talent“, sagte Sabom Gerd. „Ich habe selten ein Mädchen erlebt, das so schnell lernt.“

Tina sah, wie die Augen der Eltern aufleuchteten. Das war genau, was sie hören wollten vom Taekwondo-Lehrer ihrer Tochter. Leider waren es nicht Tinas Eltern. Ihr Vater hatte keine Zeit, er holte sie nie vom Training ab. Und ihre Mutter wartete draußen im Auto.

Sie seufzte. Sie wäre auch gerne talentiert gewesen. Taekwondo war ihr absoluter Lieblingssport. Die Stunden mit Sabom Gerd waren die Höhepunkte ihrer Woche. Aber sie glaubte nicht, dass der Lehrer ähnlich gute Worte über sie finden würde. Tina hatte es nicht leicht – sie war keine Sportlerin. In der Schule wurde sie beim Völkerballspielen immer als Letzte gewählt, und beim Geräteturnen hing sie am Barren wie ein schlaffer Sack.

Aber Taekwondo war für sie mehr als ein Sport. Sie mochte es, weil es ums Kämpfen ging, um Disziplin und darum, etwas durchzuhalten. Und weil die anderen – anders als beim Völkerball – ihr auch nicht voraus waren.

Bis auf die wenigen großen Talente. Petra zum Beispiel, deren Eltern gerade mit Sabom Gerd sprachen. Es gab vier oder fünf davon in der Taekwondo-Kindergruppe, und der Lehrer machte stets ein großes Aufhebens um sie. Als seien sie etwas Besonderes.

Dabei fiel ihnen das Lernen einfach nur leichter.

Manche von ihnen gaben sich nicht einmal Mühe. Petra zum Beispiel. Sie hatte oft gar keine Lust und beschwerte sich, dass sie doch schon könne, was sie üben sollte. Sabom Gerd sagte dann Dinge, wie: „Nicht alle lernen so schnell wie du, Petra." Oder: „Du bist nicht die Einzige hier im Raum. Auch die anderen haben ein Recht, zu lernen." Aber es klang nie so, als meine er das ernst. Ganz im Gegenteil: Eigentlich klang es ein bisschen wie eine Beleidigung für die, die nicht so schnell lernten. Als hielten sie die wirklich wichtigen Leute im Dojang nur auf.

Tina fand das traurig.

Und jetzt das: Sie hörte, dass Petras Eltern sich beschwerten. Obwohl ihre Tochter talentiert war, wollte Sabom Gerd sie nicht zur nächsten Prüfung zulassen.

„Nein", sagte der Lehrer. „Petra ist nicht regelmäßig beim Training, und das ist Voraussetzung."

„Ah, das ist meine Schuld", antwortete die Mutter. „Ich bin nicht immer rechtzeitig von der Arbeit zu Hause, um Petra zu bringen. Darunter sollte sie nicht leiden, finde ich."

„Wenn sie doch alles kann", fügte der Vater hinzu. „Sie sagen ja selbst, sie ist talentiert."

Wieder schüttelte der Lehrer den Kopf. „Es reicht nicht, alles zu können", sagte er. „Die Schüler müssen auch oft genug da gewesen sein. Das ist eine Regel. Man geht ja auch im Volleyball nicht früher nach Hause, weil man gut genug gespielt hat."

Petras Eltern schauten skeptisch. Tina allerdings fand sehr richtig, was Sabom Gerd gesagt hatte. Das richtige Benehmen gehörte auch zum Taekwondo, und das bedeutete, dass man sich Mühe gab.

Schließlich konnte man immer noch besser werden. Auch die Lehrer im Dojang trainierten selbst.

Tina wartete, bis die Eltern von Petra gegangen waren, dann stellte sie sich neben ihren Lehrer.

„Gerd?“, fragte sie. Der Sabom blinzelte ihr fröhlich zu und legte ihr eine Hand auf die Schulter.

„Tina!“, sagte er. „Was kann ich für dich tun?“

„Ich würde auch gerne Prüfung machen“, sagte Tina. „Ich war immer da und habe mich auch angestrengt.“

Gerd nickte. „Das habe ich gesehen“, meinte er. Dann dachte er eine Weile nach. „Ich fände es aber besser, wenn du noch ein klein bisschen wartest. Du hast Deine letzte Prüfung vor einem halben Jahr gemacht, und auch wenn du dich wirklich gut gemacht hast, gerade an der Poomse sollten wir noch ein bisschen arbeiten.“
Tina machte ein enttäuschtes Gesicht.

„Okay“, sagte sie. „Dann muss ich wohl noch ein bisschen üben.“

Sie verließ den Dojang in Richtung Umkleideraum, und Sabom Gerd sah ihr noch eine Weile nach. Ihm gefiel, dass das Mädchen „üben“ gesagt hatte. Nicht: „Dann muss ich noch ein bisschen warten“, sondern: „Dann muss ich noch ein bisschen üben.“

Zur Prüfung, zwei Wochen später, kam auch Tina. Zwar durfte sie nicht mitmachen, aber sie fand, dass es den anderen gegenüber fair war, zumindest anwesend zu sein und sie zu unterstützen.
Die Stimmung war gut, und Tina musste zugeben, dass die Poomse der Prüflinge wirklich besser waren als ihre. Aber dann erschien, zu ihrer Überraschung, auch Petra auf der Prüfungsfläche.

Wie konnte das sein?

Tina sah, dass Petras Eltern zufrieden auf der Bank saßen. Anscheinend hatten sie Sabom Gerd so lange beredet, bis dieser doch zugestimmt hatte – oder sie hatten einen der anderen Trainer ins Gebet genommen. Das war eine Enttäuschung.

Petra gab sich wirklich keine Mühe im Training. Jetzt bei der Prüfung machte sie eine große Show, strengte sich unheimlich an und achtete darauf, sich gut in Szene zu setzen.

Tina war sauer.

Welchen Sinn machte es, sich anzustrengen, wenn jemand anderes so bevorzugt wurde? Mit dunkler Stimmung ging sie nach der Prüfung nach Hause, ohne den anderen zu gratulieren. Als das nächste Training auf dem Kalender stand, erfand sie eine Ausrede. Sie hatte keine Lust, die angeberische Petra mit ihrer neuen Gürtelfarbe zu sehen, die dann doch nur Faxen machte, statt anständig zu trainieren.

Auch in den kommenden Wochen mied Tina das Taekwondo-Training, bis es schließlich in Vergessenheit geriet. Einige Monate später traf sie Petra zufällig auf dem Schulhof. Das gab ihr einen kleinen Stich – sie hatte doch sehr gerne Taekwondo gemacht, und jetzt war sie traurig, dass sie gar nicht mehr da gewesen war.

„Und?“, fragte sie. „Wie ist es beim Taekwondo?“

„Ach das“, sagte Petra. „Damit habe ich aufgehört. War doch langweilig.“

Tina starrte sie an. „Echt? Du machst kein Taekwondo mehr?“

„Nee. Bist du noch dabei?“

„Nein“, gestand Tina. Dann gingen sie beide ihrer Wege.

Am Abend erzählte sie ihrer Mutter von der Begegnung mit Petra.

„Das ist komisch“, sagte die Mutter. „Da hat Sabom Gerd es gut gemeint und euch trotzdem beiden den Spaß am Training genommen.“

Erst viele Jahre später, als sie schon studierte, fand Tina einen neuen Taekwondo-Verein. Und sie trainiert noch heute dort.

Fragen:

In der Geschichte geht es um Gürtelprüfungen. Findest Du, dass die wichtig sind, wenn man weiterkommen möchte in der Kampfkunst? Wenn ja, warum?

Wenn jemand Prüfung macht – worauf kommt es Deiner Meinung nach an? Dass er alles kann, was er da zeigen muss? Oder braucht es noch mehr? Und wenn ja – was?

Was ist für Dich das Wichtigste an Deiner Kampfkunst? Die Prüfungen? Das Kämpfen? Der Wettkampf? Der Sport? Die Freunde im Training? Der Spaß im Training? Oder noch etwas ganz anderes?

Nezha

Venjin He

Während der Sung-Dynastie in China, vor vielen, vielen Jahren, gab es im Dorf Chentang am Ostchinesischen Meer eine Militärfestung. Sie wurde regiert von General Li, im Auftrag des weit entfernten Kaisers. Sein Sohn Nezha war von Geburt an eine Legende. Gerüchte besagten, dass er laufen und sprechen konnte, kaum dass er geboren war. Als er älter wurde, lernte er erfolgreich Literatur und Wushu und wurde dann der einzige Schüler des berühmten taoistischen Mönchs und Gelehrten Taiyi Zhenren.

Nezha trug stets einen roten Wushu-Anzug und sein langes Haar zusammengebunden. Trotz seiner außergewöhnlichen Herkunft und einem aufbrausenden Temperament kannte man ihn als freundlichen Gefährten der anderen Kinder.

Nezhas Vater war ein guter Herrscher.
Er brachte Zuverlässigkeit und Frieden in die Stadt. Trotzdem war er nicht der Einzige, auf den die Städter sich verließen. Der Drachenkönig des ostchinesischen Meers regierte die See und die Küste aus seinem Unterwasserpalast, mit seinen Schildkröten-Dienern und einer Armee aus Krabben, Haien und Tintenfischen.
Er herrschte außerdem über den Regen in der Region, und das gab ihm gewaltige Macht.

Jedes Jahr bauten die Städter aus Bambusblättern und Ästen Hunderte von kleinen Booten, beluden sie mit Früchten und Fleischwaren und ließen sie auf das Meer hinaustreiben. Am Ufer stehend, sahen sie zu, wie die Boote eines nach dem anderen versanken und ihre Geschenke zum Königreich des Drachenkönigs brachten –
als Opfergabe für Regen und Fruchtbarkeit im kommenden Jahr.

Auch in diesem Jahr bereiteten die Städter diese Zeremonie vor.
In großen Körben brachten sie Mangos, Weintrauben, Bananen, geröstete Hühner, gefüllte Reistaschen und andere Leckereien an den Strand. Nezha und seine Familie waren selbstverständlich auch anwesend, war es doch die Pflicht des kaiserlichen Generals, das erste Bambusboot aufs Meer zu setzen und mit einem Signal das große Feuerwerk zu starten. Das Feuerwerk zeigte der Armee des Drachenkönigs, dass es Zeit war, die Boote mit den Opfergaben zu versenken.

Es war außerdem wunderschön.

Nezha amüsierte sich prächtig. „Schau, Vater, dort schwimmt eine riesige Wassermelone“, lachte er. „Wie wollen sie die bloß zum Versinken bringen?“

Doch General Li kannte keinen Humor bei einer so wichtigen Zeremonie.

„Was genommen werden muss, wird genommen werden“, sagte er ernst.

Währenddessen saß auf einem holden Thron inmitten von Korallen und wertvollen Perlen der Drachenkönig. Sein Palast war prachtvoll und nass, doch er war übellaunig. Er wartete auf seinen Tee.

„Schneller!“ kommandierte er seine Diener. „Ihr alle habt das Tempo von Schildkröten.“ Das war nicht überraschend. Seine Diener waren tatsächlich Schildkröten.

Der König seufzte tief. Er freute sich nicht auf die Opfergaben der Städter. Über die Jahre hatten er und sein ganzer Hof so viele Mangos, Weintrauben, Bananen, geröstete Hühnchen und gefüllte Reistaschen bekommen … die Liste war lang, aber dennoch immer die selbe. Die königlichen Vorratskammern waren noch vom Vorjahr so prall gefüllt, dass seine Schildkrötendiener kaum Platz darin hatten, um Tee und Mahlzeiten zuzubereiten.

Das Einzige, auf das er sich wirklich freute, waren die Wassermelonen.

Gedämpft durch das Wasser des Meeres drangen die Explosionsgeräusche des Feuerwerks an seine Ohren. Es war Zeit, seine Armee aus Krabben, Haien und Tintenfischen zu schicken, um die Geschenke einzusammeln. Doch sein Tee war nach wie vor nicht angekommen.

Das machte alle nervös, sogar seine Armee, denn die Soldaten konnten sehen, wie nahe der Drachenkönig daran war, seine Geduld zu verlieren. Er war so gereizt, dass seine Barthaare sich um seinen Drachenmund zusammenkringelten.
Erleichtert atmeten alle auf, als sie sahen, dass einer der Schildkrötendiener nahte, mit einer goldenen Teetasse.
Ganz langsam bewegte er sich, Schritt für Schritt … und stolperte dann doch. Dabei verschüttete er den Tee.

Das war genug. Zornig sprang der Drachenkönig von seinem Thron.

„Ich habe es satt! Euer Schneckentempo geht mir auf die Nerven, und noch mehr hasse ich Mangos. Ich kann keine Mangos mehr sehen!“ Nach kurzem Zögern fasste er einen Entschluss. „Lasst die Bambusboote schwimmen“, befahl er seiner Armee. „Wir haben genug Weintrauben und geröstete Hühnchen für Jahrhunderte. Bringt stattdessen die folgende Nachricht in die Stadt: Die Menschen müssen mir ihre schnellsten und geschicktesten Kinder schicken. Ich will sie als Diener in meinem Unterwasserpalast.“

Das Feuerwerk war zu Ende, aber das Meer war noch immer ruhig und die Boote lagen still auf der Wasseroberfläche. Nezha, der neben seinem Vater stand, merkte sofort, dass etwas nicht stimmte. Und er war nicht der Einzige: Um ihn herum flüsterten die Städter voller düsterer Vorahnungen miteinander.

Dann teilte sich das Wasser. Plötzliche Wellen drückten die Bambusboote zurück an Land, zu den ängstlich wartenden Menschen, und ein gewaltiger Krabbensoldat trat ans Ufer, mit einem Speer in seiner rechten Klaue.

„Nehmt eure Geschenke zurück“, sagte er. „Unseren König verlangt es nicht mehr nach ihnen. Falls Ihr auch in diesem Jahr Regen haben möchtet, erwartet er als Opfer eure schnellsten und leistungsfähigsten Kinder als Arbeiter auf Lebenszeit in seinem Unterwasserpalast.“

Ohne ein weiteres Wort wandte der Meeressoldat sich ab und verschwand wieder in den Fluten. Dabei verursachte er Wellen, die so stark waren, dass sie alle Opfergaben vom Strand wieder ins Meer wuschen.

Die Städter standen wie versteinert ob der schlechten Nachrichten. Nur Nezhas Vater wusste bereits eine Antwort: „Der Drachenkönig ist verrückt geworden!“ rief er. „Wir geben unser Kinder nicht her. Wir werden einen anderen Weg finden, um zu überleben.“

Die meisten der Städter hatten Kinder und Enkel, und so verneigten sie sich bei diesen Worten in Dankbarkeit vor General Li.

Die Wochen vergingen, und nichts geschah. Auch kein Regen. Schließlich schlugen die Städter an den großen Gong, mit dem sie die Aufmerksameit von General Li einfordern konnten.

In die Festung eingeladen, ergriffen die Ältesten der Stadt das Wort: „Unsere Vorräte gehen zur Neige. Die Ernte ist verdorben. Unsere Alten werden krank in der Hitze, und die Luft ist staubtrocken. Die Brunnen sind leer, und es gab seit Wochen keinen einzigen Tropfen Regen."

Der General hatte zahlreiche Schlachten geschlagen und erfolgreich alle Probleme seiner Laufbahn gelöst, doch wenn es ums Regenmachen ging, war auch er hilflos. Traurig gab er das Unvermeidliche zu: „Die Menschen von Chentang werden ihren Kindern Lebewohl sagen müssen, um zu verhindern, dass die ganze Stadt zugrunde geht. Wir werden für lange Zeit kein Kinderlachen mehr hören in den Straßen unserer Heimat. Nur der Kampf ums Überleben wird uns bleiben."

Obwohl es ihm eigentlich nicht gestattet war, hatte Nezha die Audienz der Städte bei seinem Vater belauscht. Jetzt konnte er nicht mehr an sich halten: „Und was ist mit den Kindern?" platzte er heraus. „Die sind doch noch klein und hilflos! Wenn wir die Kinder der Stadt zum Drachenkönig schicken, muss auch ich gehen!"

„Was genommen werden muss, wird genommen werden", erwiderte General Li.

Nezhas Lehrer Taiyi Zhenren dachte schon weiter. „Wir werden die Zeit bis zu eurer Abreise sinnvoll nutzen", sagte er. „Du wirst dein Wushu trainieren, damit du dich selbst und alle Kinder in Not beschützen kannst."

Den ganzen Abend, die Nacht und auch den Folgetag trainierten Meister und Schüler die Inneren Künste des Wushu, aber auch waffenlosen Kampf, Kurz- und Langwaffen. Taiyi Zhenren gab Nezha außerdem wertvolle Waffen, wie sie sonst nur von Göttern benutzt wurden: Windfeuerräder und Speere mit Feuerspitzen.

„Benutze diese Werkzeuge weise", gab er dem Jungen als Rat mit auf den Weg.

„Und nur, um einen Gegner abzuschrecken. Wenn du auf die Räder steigst, werden sie dich zu fast jedem Ort bringen, in hohem Tempo. Die Flamme der Feuerspitzen-Speere wird für immer brennen, ist sie einmal entzündet, sogar im Wasser.“

„Jawohl, Shifu“, versprach Nezha.

Am nächsten Abend lief die Zeit zum Abschiednehmen ab.
Zehn Kinder, Nezha eingeschlossen, saßen gemeinsam auf einem kleinen Boot, das von ihren Eltern hinaus auf die See gerudert wurde. Als die Eltern mit Tränen in den Augen ans Ufer zurückkehrten, ihre Kinder auf den Wellen zurücklassend, wurde Feuerwerk abgefeuert. Auch diesmal war es wunderschön, doch die Städter nahmen es nicht wahr. Sie sahen zu, wie sich das Meer unter ihren Kindern öffnete und das Boot in die Tiefe zog, umgeben von einer magischen Luftblase, die die zukünftigen Diener des Drachenkönigs vor dem Ertrinken bewahrte.

Und endlich begann die Regensaison.

Auf der Reise in die Tiefen des Ozeans, während ein Dutzend Krabben und Haie ihr Boot immer weiter trugen, sagte Nezha zu den anderen Kindern: „Bleibt hinter mir. Lasst mich zuerst aussteigen.“

Alle nickten.

Der Drachenkönig freute sich, als sie schließlich ankamen.
„Na endlich“, sagte er. „Holt einen von ihnen heraus, um mir einen anständigen Tee zu machen. Lasst uns sehen, wie flink die Menschenfüße sind, im Vergleich zum lahmen Kriechen der Schildkröten.“

Einer der Krabbenkrieger griff in die Luftblase und zerrte das erste Kind heraus, dessen er habhaft werden konnte. Es war natürlich Nezha. Und der Junge zauderte nicht. Kaum hatte er das Boot verlassen, sprang er auf seine Windfeuerräder und riss einen Feuerspitzenspeer heraus. Mit einer eleganten Wushu-Technik stieß er den Krabbenkrieger von sich, dann ließ er sich von seinem Windfeuerrad quer durch den Thronsaal zum Drachenkönig tragen. Zentimeter vor dem königlichen Gesicht stoppte er abrupt, den Speer so bedrohlich in Richtung des Drachens haltend, dass dessen Barthaare versengten.

„Lass die Kinder gehen", befahl er. „Sonst ..."

Der Drachenkönig des Ostchinesischen Meeres war außer sich. Niemand hatte jemals gewagt, sich ihm zu widersetzen. Und schon gar nicht hatte man ihm je zuvor gedroht. In seinem eigenen Palast!

So wenig Erfahrung hatte er mit solchem Benehmen, dass er mit einem Mal wirklich, wirklich ängstlich wurde. Seine Barthaare begannen nach geräuchertem Fisch zu riechen, als er stammelte: „I-i-i-n O-o-o-rdnung. G-g-g-geht also. Ich b-b-brauche euch sowieso nicht. Ihr seht alle schwach und mickrig aus, und ihr habt nicht einmal einen P-p-p-panzer wie meine Schildkrötendiener."

Der Drachenkönig gestikulierte in Richtung seiner Soldaten, die Kinder gehen zu lassen.

Nezha, der noch immer im Wasser schwebte, platzte fast vor Stolz. Seinen Speer hielt er direkt vor die Nase des riesigen Drachenkönigs. Dann wandte er sich ab, um die anderen Kinder zurück ans Ufer zu bringen. Unterwegs beugte er sich hinunter, um eine der weißen, schimmernden Perlen aufzuheben, die im Thronsaal herumlagen.

„Von denen nehme ich eine als Souvenir mit, du glitschiger Aal", sagte er über die Schulter in Richtung des Throns.

Der Drachenkönig, auf diese Weise vor seiner eigenen Armee erniedrigt, wurde immer wütender.

„Du kleiner Dieb“, knurrte er in seinen Bart.

„Das hab ich gehört!“ erwiderte Nezha. Seine Stimmung schwang von übermütig zu wütend, und er schlug mit seinem Speer nach dem Drachenkönig, so dass dieser an der Nase verletzt wurde.
Dann wandte er sich ab und schob auf seinen Windfeuerrädern die Kinder an Land.

Die Städter schrieen und jubelten, als sie erkannten, dass ihre Kinder unversehrt zurückkamen. Sie hatten nicht zu hoffen gewagt, dass sie sie jemals wiedersehen würden. Das ließ Nezhas Stolz noch weiter wachsen, und er ging geradewegs zu seinem Vater und zu seinem Lehrer.

General Li war voll des Lobes für seinen Sohn. Nezha hatte alle Kinder befreit.

Auch Taiyi Zhenren war zufrieden mit seinem Schüler, der seine Fähigkeiten genutzt hatte, um Menschen in Not zu helfen.

„Ich habe es geschafft!“, rief Nezha. „Ich habe den fischigen Bart dieses Aals verschmort und ihm eine Lektion erteilt!“

„Schaut mal“, sagte in diesem Moment einer der Städter. „Es hat aufgehört zu regnen.“

Taiyi Zhenrens Miene verfinsterte sich. „Was hast du getan? Ihm eine Lektion erteilt? Erinnerst du dich nicht an das Versprechen, das du mir gegeben hast, bevor du losgezogen bist? Du wusstest, dass du deine Waffen weise verwenden solltest, und auf keinen Fall, nachdem der Gegner schon nachgegeben hat!“

„Aber er hat mich beschimpft!“, beharrte Nezha.

„Hast du denn nichts gelesen über Geduld und Toleranz? Haben wir nicht geübt, geduldig und tolerant zu bleiben? Der Drachenkönig ist nichts als eine übellaunige, verwöhnte Kreatur mit zuviel Macht, ganz genau wie du!“ Taiyi Zhenren war tief enttäuscht. „Was denkst du, warum es aufgehört hat zu regnen?“

„Warum?“ fragte Nezha.

„Der Drachenkönig kann nur Regen machen, wenn er sich entspannt und sicher fühlt“, erklärte General Li. „Wer weiß, wie lange es dauert, bis er sich von deinem Angriff erholt – vielleicht ein ganzes Jahr, bedenkt man, wie nutzlos seine Schildkrötendiener sind.“

„Also sind wir wieder da, wo wir angefangen haben“, erkannte Nezha erschrocken. „Weil ich einer Laune nachgegeben habe, statt mich an das zu halten, was ich gelernt und versprochen habe.“

„Dein Shifu und ich waren wirklich stolz auf dich, aber du hast das Problem gar nicht gelöst und außerdem dein Versprechen gebrochen“, stellte der General mit Grabesstimme fest.

Nezha schluckte schuldbewusst. Sein Stolz war verschwunden, an seine Stelle traten Schuldgefühle.

„Ich muss zurückgehen zum Drachenkönig des Ostchinesischen Meeres“, sagte er schließlich. „Ich werde ihm dienen, bis er wieder fähig ist, es regnen zu lassen. Unter der Bedingung, dass er das überhaupt tun möchte.“

Traurig gab er Windfeuerräder und Feuerspitzenspeer seinem Lehrer zurück. „Ich hoffe, dass ich eines Tages geduldig und tolerant genug bin, um ihrer würdig zu sein.“

Mit diesen Worten marschierte er zurück in die Wellen, ohne Feuerwerk am Himmel und ohne eine Armee aus Krabben, Tintenfischen und Haien, um ihn zu begleiten.

Zu den Städtern, die noch am Ufer standen und wieder still geworden waren, sagte er: „Macht euch keine Sorgen. Diese Perle aus dem Thronsaal des Drachenkönigs wird mir sicher den Weg weisen. Ich werde zurückkommen, wenn ich meine Aufgabe erledigt habe. Was getan werden muss, wird getan werden.“

Einen Monat später begann es in Chentang wieder zu regnen, gerade noch rechtzeitig, um die Ernte zu sichern. Der Drachenkönig des Ostchinesischen Meeres hatte es in seinem Herzen gefunden, dem jungen Nezha zu vergeben. Gemeinsam schlürften sie Tee und naschten Mangos, Weintrauben, geröstetes Hühnchen, Reistaschen und eine gewaltige Wassermelone.

Beide hatten eine wichtige Lektion gelernt – über Geduld und Toleranz, aber vor allem, dass große Macht auch große Verantwortung mit sich bringt. Herausragende Fähigkeiten und gefährliche Waffen führen zu nichts Gutem, benutzt man sie nicht mit Sinn und Verstand.

Fragen:

Der kleine Nezha ist ein echter Superheld. Schon von Geburt an ist er etwas besonderes und wird auch so behandelt. Wie kann es sein, dass er trotzdem einen so großen Fehler macht und den Drachenkönig verärgert?

Wie findest Du den Drachenkönig und seine Rolle in der Geschichte? Am Ende trinkt Nezha Tee mit ihm – kannst Du Dir vorstellen, dass der Drachenkönig eigentlich ein ganz netter Kerl ist, obwohl er die Städter dazu gezwungen hat, ihm ihre Kinder zu schicken?

Hintergrund & Geschichte:

Nezha (哪吒), die Hauptfigur der Geschichte, ist in Asien eine Berühmtheit.
Er hat viele verschiedene Namen und viele Geschichten ranken sich um ihn,
und er ist eine Gottheit in den asiatischen Religionen Buddhismus, Taoismus und sogar im Hinduismus, wo er als Nalakubar und Krishna bekannt ist. Wenn das alles sehr verwirrend klingt, dann liegt das daran, dass die großen Religionen in Asien sehr eng verstrickt sind und sehr viele verschiedene Richtungen kennen. Die Geschichte, die Ihr gerade gelesen habt, kennt in China jedes Kind.

Die Vase

Heero Miketta

Vor langer Zeit lebte in der kleinen Stadt Foshan in der Provinz Guangdong ein Junge namens Hu Biwu. Seine Eltern waren Bauern, sie arbeiteten hart und hatten geringe Ansprüche, Biwu aber liebte es, zu träumen.

Aufmerksam hörte er zu, wenn Märchen und Sagen erzählt wurden, von Helden und Abenteuern. Nur zu gerne wäre er selbst Teil dieser Geschichten gewesen – ein großer Krieger zum Beispiel, der lange Reisen in die große Welt antrat. Die anderen im Dorf lachten über diese Träumereien, vor allem die anderen Kinder. Nur ein Mönch, der im großen Tempel des Ortes lebte, hatte Verständnis für Biwu. In seinen freien Stunden unterrichtete er den Jungen in Kung Fu – ein Training, das beiden Spaß machte, Biwu aber nur noch mehr Spott einbrachte. „Du wirst nie ein Krieger werden“, sagten die anderen Kinder. „Bist doch nur ein Bauernsohn.“

Einer, der darauf besonders gerne herumritt, war der junge Chang Biao. Seine Eltern besaßen ein großes Anwesen am Rande von Foshan, und sie waren sehr reich. So reich, dass sie sich ein prunkvolles Wohnhaus leisteten, und einen umfriedeten Hof, auf dem große Vasen standen, so hoch wie ein erwachsener Mann und mindestens genau so breit. In ihnen schwammen teure Fische, speziell gezüchtet, damit sie schön aussahen.

Der Hof der Changs war ein häufiger Treffpunkt der Kinder des Ortes. Es gab viel Platz, und auch wenn Chang Biao ein ziemlicher Aufschneider war, der sich gerne über andere lustig machte, konnte er auch nett sein.

In der Küche des Hofes gab es außerdem immer gutes Essen, und die Köche der Changs waren auch gerne bereit, den Kindern einige Leckerbissen abzugeben. Das Beste aber war, dass es auf dem Hof wundervolle Möglichkeiten zum Verstecken gab. Und das war es auch, was die Kinder von Foshan an diesem Tag taten: Gemeinsam zogen sie zum Chang-Hof, um einen aufregenden Nachmittag mit Versteckspielen zu verbringen.

Auf dem Weg begegneten sie Hu Biwu, der mit seinem Lehrer in einer Scheune Kicks übte. Mit großen Augen sahen sie zu, wie sehr der Junge sich anstrengte, und der eine oder andere war vielleicht sogar ein bisschen beeindruckt. Aber niemand ließ es sich anmerken. Wie immer spotteten sie über seine vergebliche Mühe, die ja doch keinen Krieger aus ihm machen würde.

„Komm lieber mit Verstecken spielen", riefen sie. „Wir sind alle Bauern, wir müssen noch genug hart arbeiten, wenn wir älter sind! Kein Grund, jetzt schon so zu schwitzen!" Aber Biwu schaute nur kurz auf, winkte freundlich und machte mit seinen Übungen weiter.

Erst fast zwei Stunden später stieß er zu den anderen Kindern, die auf dem Chang-Hof noch immer fröhlich spielten. Am heutigen Tag gab es einen deutlichen Sieger: Niemand hatte es geschafft, Chang Biao zu finden, schon seit einer ganzen Stunde nicht. Ganz langsam begannen die ersten, sich Sorgen zu machen. Und zu Recht: Als Biwu den Hof betrat, hörten sie ein leises „Hilfe" aus einer der großen Vasen erschallen. Erschrocken sahen sich alle an. Es war klar, was passiert war: Biao hatte sich bei den Fischen versteckt – und war hineingefallen. Aufregung setzte ein.

Die Kinder bildeten eine Räuberleiter an jeder der Vasen, bis sie schließlich sahen, wo Biao gelandet war. Die Vasen waren groß, aber doch nicht so groß, dass man wirklich darin hätte schwimmen können. Biao hatte schon sehr lange Wasser getreten, ihm war sehr kalt, umgeben von den Fischen seiner Eltern, und er war sehr müde und schwach. Hektisch liefen die Kinder durcheinander. Sie mussten ihn retten!

Einige Mädchen holten eine Leiter aus dem Haus der Changs und stellten sie an die Vase. Doch als die ersten hinaufkletterten, merkten sie, dass sie den schwimmenden Biao vom Rand der Vase nicht erreichen konnten. Sie liefen nur Gefahr, dass noch jemand hineinfiel und es dann so eng in der Vase werden würde, dass die Hineingefallenen ganz sicher ertrinken würden.

„Er ist schon ganz blau“, sagte eines der Mädchen.

Andere Kinder hatten versucht, Biaos Eltern zu Hilfe zu holen, aber die waren nicht zu Hause. Stattdessen kamen jetzt einige Bedienstete zu der Vase, darunter auch die Köche, die die Kinder so oft mit Leckerbissen versorgten. Jemand knüpfte ein Seil, mit dem der Junge aus der Vase gefischt werden sollte, aber Biaos Hände waren schon so klamm, dass er das Seil nicht festhalten konnte.

Alle standen ratlos herum.

Schließlich war es Biwu, der den ganzen Nachmittag Kicks trainiert hatte und deswegen eine Idee hatte.

Bevor ihn jemand hindern konnte, trat er mit Wucht gegen das teure Porzellan – so kräftig, dass es splitterte und das Wasser herauslief. Mit dem Wasser kamen die Fische, die von den Köchen schnell aufgesammelt wurden, um sie in die anderen Vasen zu werfen.

Biwu trat ein weiteres Mal zu. Die Vase zerbrach in mehrere Stücke, und jetzt spülte es auch Chang Biao hinaus ins Trockene.
Der Junge war gerettet.

Aus Hu Biwu wurde tatsächlich kein Krieger. Aber nie wieder hat sich jemand in Foshan darüber lustig gemacht, wenn er Kampfkunst trainierte.

Fragen:

Hu Biwu ist in den Augen der anderen Kinder seines Dorfes ein Träumer.
Er will nicht einsehen, dass er als Bauernjunge eben kein Krieger sein kann.
Kennst Du solche Träumer in Deiner Klasse, unter Deinen Freunden oder in Deiner Verwandtschaft? Was hältst Du davon, wenn Leute lieber träumen, als sich abzufinden mit dem, was sie sind?

In der Geschichte hat Hu Biwu eine gute Gelegenheit bekommen, zu zeigen, was er kann. Aber wäre seine Kampfkunst auch dann noch toll, wenn er diese Chance nicht gehabt hätte? Wenn er sie nur für sich trainieren würde, ohne sie benutzen zu können?

Chang Biao hat sich häufig lustig gemacht über Hu Biwu.
Wieso hat Biwu dann trotzdem beschlossen, ihm zu helfen?
Er hätte ihn ja aus Rache auch einfach schwimmen lassen können, und niemand hätte ihm einen Vorwurf gemacht. Was denkst Du?

Die Autoren

Klaus-Günther Beck-Ewerhardy

Er ist in Duisburg geboren und aufgewachsen, wo er bereits mit sechs Jahren das erste Mal zaghaft auf eine Judomatte trat. Seitdem hat er sich in verschiedenen Kampfkünsten der chinesischen, japanischen und europäischen Prägung umgesehen und beschäftigt sich heute schwerpunktmäßig mit dem Wudang-Pai, daoistischer Mediation, europäischen und japanisch-mongolischem Schwertkampf und noch einigen anderen Dingen.

Daneben unterrichtet er Deutsch und Englisch an einer Gesamtschule nur zwei Blocks von seiner Frau entfernt. Gelegentlich spielt er auch Flöte und ergeht sich auch gerne in der Natur.

Tanja Ewerhardy

Tanja Ewerhardy ist im Saarland aufgewachsen, wo sie im Alter von 13 für einige Jahre mit Judo begonnen hat. Nach einer kaufmännischen Ausbildung hat sie in Köln Germanistik und Sozialwissenschaften studiert.

Heute lebt sie am Niederrhein und arbeitet als Lehrerin. In ihrer Freizeit übt sie Tai Chi, Xingyi Bagua und Qi Gong im Wudang-Stil und lernt keltische Harfe. Sie liebt die Natur und freut sich über huckelige Wanderpisten. Sie ist verheiratet mit Klaus Beck-Ewerhardy, der ebenfalls an diesem Buch mitgearbeitet hat.

Die Autoren

Venjin He

Geboren in Guangzhou in Südchina zog Venjin im Alter von 7 Jahren nach Finnland und von dort in die Welt. Kampfkunst begleitete sie von frühesten Kindesbeinen an, ebenso wie die chinesischen Traditionen, die damit verbunden sind.

Nach bewegten Jahren voller Reisen rund um den Globus lebt Venjin heute in Manchester im Nordwesten von England, gemeinsam mit ihrem deutschen Lebensgefährten und ihrer kleinen Tochter. Sie spricht sieben Sprachen, ist Illustratorin und Autorin und leitet zwei kleine Unternehmen.

Heero Miketta

Heero stammt ursprünglich aus Koblenz. Nach Stationen in Köln, Helsinki, Tallinn und Guangzhou lebt er heute als Kampfkunstlehrer und Schriftsteller in Manchester, zusammen mit seiner chinesischen Lebensgefährtin und der gemeinsamen Tochter.

Er ist Gründer des ShoShin Projektes und Founder Circle Member der Missing Link Martial Arts Community. Gemeinsam mit seinem Schüler Patrick Ehrmann schrieb er das Buch „Bonsai Kampfkunst", das von Kindertrainern in ganz Deutschland als Konzept verwendet wird und auch ins Englische übersetzt wurde.
Mit der Polizei in Bonn und Bergisch Gladbach entwickelte er viele Jahre lang Konzepte für Gewaltprävention und Selbstbehauptung.

Die Autoren

Sabine Rieber

Sabine ist Pädagogin, Buchhändlerin und Autorin. Sie trainierte jahrelang Xin Fa Kung Fu bei Shifu Fritz Knoth in Frankfurt/Main, im Bonner Boxverein und Tai Chi bei Shifu Xia Yao in Bonn sowie Hung Fut Pai Kung Fu bei Shifu Iain Paterson in Paisley (Schottland).

Heute lebt sie als freie Autorin und Übersetzerin in Düsseldorf.

Ira Treske

Ira begann mit 7 Jahren mit Judo und hat über die Jahre hinweg auch Karate, Ju-Jutsu und Brazilianisches Ju-Jutsu trainiert.

Von Beginn an war sie begeisterte Wettkämpferin und ist bis heute in der Ju-Jutsu Nationalmannschaft aktiv.
Mit großer Begeisterung gibt sie ihre Faszination für den Kampfsport beim Kindertraining weiter

Die Autoren

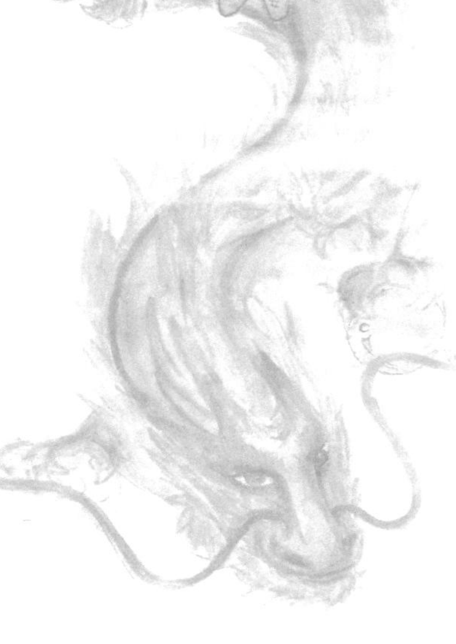

Sascha Wagener

Sascha ist Japanologe, Karate- und Kung Fu-Lehrer und seit vielen Jahren Weltreisender in Sachen Kampfkunst. Er wurde unter anderem in den Wudang-Bergen in China von einem daoistischen Meister im Qi Gong und Tai Chi ausgebildet, und lebte in Japan mit einem Zen -Mönch in einem abgelegenen Bergtempel.

Seine Basis hat er in Dortmund, wo er das Gesundheitszentrum „Mein Tempel" und das Karate-Dojo Hakutsurukan gründete.
Er ist außerdem ShoShin-Dozent und Founder Circle-Member der Missing Link Martial Arts Community. Neben dem Training galt sein Interesse schon immer der Kunst und auch dem Schreiben. Sein Buch „Bumon – Das Wissen der Kampfkunst Karate" ist seit vielen Jahren ein Geheimtipp für Karateka, die die Hintergründe ihrer Kunst ergründen wollen.

Das bewährte Konzept für

Kampfkunst mit Kindern

Kampfkunst-Erzählungen

für Erwachsene

菲菲

"A person's a person, no matter how small."

Dr. Seuss (1904-1991)